JN029337

Mentalizing

実践・子どもと親への
メンタライジング臨床

取り組みの第一歩

西村 馨◉編著

岩崎学術出版社

目　次

序　文

上地雄一郎

　メンタライジング／メンタライゼーションの視点とそれに基づく実践は，世界においても日本においてもますます注目を浴びるようになっている。本書は，MBTを含むメンタライジング・アプローチを様々な領域での実践に生かした支援の試みを紹介するわが国で初めての編著書である。著者たちは，様々な領域・年齢層に属する支援の専門家であり，それぞれの実践の場でメンタライジング／メンタライゼーションの視点を生かした支援を行っており，その経験を紹介している。その点で，この視点を自分の実践に取り入れたいと願う読者にとって，本書は格好の手引きになると信じている。編著者の西村馨先生の労を多としたい。

　本書の内容の元になった個々の実践が生まれてきたことは，メンタライジング／メンタライゼーションの視点が少しずつ日本に根づきつつあることを示していて，大変喜ばしいことだと筆者は思う。このような流れの起点の1つになったのではないかと自賛しているのが，Bateman と Fonagy を直接招いて2019年3月に東京で開催した「第1回MBT Basic Training」である。それから約3年が経過した現段階で本書が登場したことは，注目するべきことであると思う。

　この序文では，メンタライジング／メンタライゼーションの視点とそれに基づく実践について基本的な点を少し述べてみたい。まず，この視点に基づく支援についての名称であるが，読者がよく聞く言葉として「メンタライゼーションに基づく治療」（Mentalization-Based Treatment：略称MBT）があるだろう。「MBT」というのは，構造や手順がある程度明確な治療パッ

ケージであり，境界性パーソナリティ症に対する元祖MBT以外に，子ども
と親を対象とするMBT-C（CはChildrenの略），青年期の自傷を主な対象と
するMBT-A（AはAdolescentの略），グループを対象とするMBT-G（Gは
Groupの略），摂食障害が対象のMBT-ED（EDはEating Disorderの略），家
族を対象とするMBT-F（FはFamilyの略）などがある。本書の著者たち
は，こうした諸種のMBTを意識しながら実践を行っていると言える。しか
し，この視点を取り入れていてもMBTほど構造化されていないアプローチ
やMBTとまでは言えないアプローチもあり，MBT以外にそのようなアプ
ローチも含めて総称するときには「メンタライジング・アプローチ」と呼ぶ
のがよい。本書で紹介される実践も，厳密なMBTではなく，メンタライジ
ング・アプローチと呼ぶのが適切なものもある。なお，メンタライジング・
アプローチは，MBTの開発者であるFonagyとBatemanも使用している言
葉である。

　次に，メンタライジングとメンタライゼーションという言葉の区別につい
て述べると，この2つの言葉は同じような意味ではあるが，Fonagyおよび
Allenによれば「行為，プロセス」を意味するときには「メンタライジング」
と呼ぶのが適切である。また，「メンタライゼーション」は学術用語的色彩
の強い言葉であり，メンタライジングというように動名詞または分詞の形に
すると，より日常的な言葉になるのだそうである（Allen, 2021；私信）。

　ここで，本書に紹介されている実践は「厳密なMBTではなく，厳密な
MBTを軽視している」という批判がありうることに対して，筆者なりの反
論を述べておきたい。まず，厳密なMBTではないメンタライジング・アプ
ローチであっても，その支援における介入や応答は厳密なMBTから得ら
れた原則や指針に沿ったものであり，それを志向している。決して厳密な
MBTの原則や指針をないがしろにしているのではない。次に，厳密なMBT，
例えばパーソナリティ症に対する元祖MBTは，精神科医やパラメディカル・
スタッフが複数いる比較的大きな精神医療機関で，全スタッフがMBTを志
向する治療を行うのでなければならない。また，厳密なMBTは，心理教育，
個人セラピー，グループ・セラピー，危機介入がセットになったものである。
だから，例えば個人クリニックで特定のセラピストだけがMBT的な個人面
接を行ったとしても，それは厳密なMBTとはいえないのである。もちろん，

厳密なMBTを行うことやそれが可能な臨床・実践の場を作っていくことは重要なことであるが，それが困難な場合にはその場に合った臨床・実践の方法を工夫していくことも大事である。最も大切なことは，専門的支援を受ける人たちが支援専門家の実践から「恩恵」を受けることであり，専門家が厳密なMBTという枠に固執することではないと思う。支援を受ける人たちの「幸福」のためには，できるだけ多くの支援者にこの視点に触れてもらい，実践の中に取り入れてもらうことが必要である。

　最後に，MBTを含むメンタライジング・アプローチを適切に実践するうえでは，この視点とそれに基づく介入・応答について理論的に学ぶとともに，実際の介入・応答を洗練させていくことが不可欠である。前者は関連書やセミナー等を通して学ぶことができるが，後者については実技を伴うワークショップに参加したり，より熟練した人からスーパービジョンやコンサルテーションを受けたりすることが必要である。本書に触発されて，今後このような学びのシステムが整備されていくことを期待している。

2022 年 4 月吉日

上地雄一郎

はじめに

西村　馨

　本書は，日本の臨床家が児童，思春期・青年期およびその家族のためのメンタライゼーションに基づく治療（MBT）やメンタライジングの理論と方法をそれぞれの現場に持ち込んで挑戦した臨床実践の報告と考察の書である。それらは，「本来の」MBTの治療プログラムや，12週間の期間制限MBT-Cといった標準パッケージを日本で行ったという記録ではない。各自の現場で解決すべき課題に対して，どのようにメンタライジングの理論と方法を適用できるのか，独自の手法を作り出しうるのか，またその成果はどうかを検討したものである。それが副題の，「取り組みの第一歩」の意味である。私たちは，それが読者の方々にMBT，メンタライジング・アプローチのイメージを与え，理解を深め，実践への意欲を喚起することを願っている。

　臨床現場には，その国，地域の医療，福祉，教育等の制度があり，文化も異なる。それぞれにフィットする手法を検討する必要があり，「フリーサイズ」の万能手法はない。その検討には時間が必要である。本書の著者は全員，アンナ・フロイトセンターによるMBT，MBT-CもしくはMBT-Aの集中的基礎訓練を修了している。2つ，もしくは3つ修了した著者もいる。さらに，筆者を含めた数名は，公認スーパーバイザーの指導を受けながら実践している。そして，翻訳作業や研究交流を重ねながら現在に至っている。

　ニック・ミッジリー（Nick Midgley）は，2012年に，子ども，思春期青年期，家族の支援のためのMBTの諸手法を紹介した，*"Minding the Child: Mentalization-based Interventions for Children, Young People, and their Families"* を編集，刊行した（邦訳『子どものメンタライジング臨床——個

人・家族・グループ・地域へのアプローチ』が2022年5月刊行）。彼はその序章で，「これらのサービスが唯一のやり方だというわけでは決してない。本書が扱った実践をさらに変えていくために読者の方々が想像力を用いて独自の方法を見出していくことを，またここに提示した事柄をご自身の臨床現場やクライエントのニーズと熱望に適用していくことを期待し，希望している」（p. 7）と述べている。

　現在ある手法は，MBTの最終形ではあるまい。たえざる発展，開発が求められる中，私たちもまたその営みに関与していこうとしている。それは，能動的で，クリエイティブな過程であるはずである。したがって，ここで私はミッジリーと同じことを言うことになる。MBTを学ぶためのトレーニングを受けることは重要である。そして，それを基に，それぞれの現場の子どもたち，家族の方々のために創意工夫することを期待する，と。

　本書は，4部構成となっている。第I部では児童，思春期・青年期と家族のためのMBT，メンタライジング・アプローチの理論とアセスメント・評価の実証研究を概観する。第II部では，児童，思春期・青年期の支援である。医療，福祉，教育等の現場における多様な実践手法を6編紹介する。第III部は養育者の支援であり，これも幅広い現場から4編紹介する。最後の第IV部は，直接メンタライジング臨床に携わったわけではないが，私たちの活動に注目し，応援してくれる先生からのメンタライジング臨床への期待と課題の論考である。

　さらに付録として，日本におけるメンタライジング測定ツール開発の現状と課題がまとめられている。

　読者の中には，すでにメンタライジング・アプローチについて学んでこられた方も，初めて出会った方もおられるであろう。本書は初学者を念頭において，その理論と方法の概要に触れたのちに，実践を紹介したい。

　MBT，メンタライジングの理論は臨床心理学，精神医学のみならず，発達科学，神経科学の最先端の知識を取り込もうとしているため，実に幅広く，新鮮だが，難解な部分もある。理論や方法の面で不足を感じられるかもしれない。筆者の力不足もあるだろうが，本書の性質上，概説にとどめているた

めでもある。すでに優れた専門書，概説書が刊行，翻訳されているので深い
学びのためにはそちらをあたっていただくのがよいだろう。確かなのは，メ
ンタライジングの理論は私たちが臨床で出会う現実的問題を理解するために
導入されたものであり，理解できれば，必ずや視点を広げ，ヒントを与えて
くれるということである。

　これら，熱い実践を報告した著者らの「声」が読者の方々に届き，子ども
や家族への支援のヒントを与え，意欲を高めるものになることを願っている。
そして，これらの実践や研究のネットワークが，国内的にも，国際的にも，
豊かに広がっていくことを願っている。

　なお，基本的な用語についてだが，児童期（childhood）と思春期・青年期
（adolescence）は明確に区別されるが，未成年という意味で「子ども」と総
称することがある。また，子どもの養育者には，生物学上の親，養親，里親
などの種類がある。特定しない場合，親と養育者は同義で用いられている。
　また，臨床事例においては，それぞれの著者が個人を特定できる情報を加
工するほか，複数事例をつなげるなどして，倫理的配慮を施している。また
数名の著者は，所属機関の研究倫理審査を受けて，それに基づいて実施して
いる。
　最後に，Midgleyらの『メンタライジングによる子どもと親への支援──
時間制限式MBT-Cのガイド』（上地・西村監訳（2021）北大路書房）は，本
書のベースになる重要図書であり，頻繁に引用されるため，本文中で
『MBT-Cガイド』と呼びたい。以上諸点よろしくご了承いただきたい。

文　献

Midgley, N. & Vrouva, I. (Eds.).（2012）*Minding the child: Mentalization-based interventions with children, young people and their families*. Routledge.

Midgley, N., Ensink, K., Lindqvist, K., Malberg, N., & Muller, N.（2017）*Mentalization-based treatment for children: A time-limited approach*. American Psychological Association. 上地雄一郎・西村馨監訳，石谷真一・菊池裕義・渡部京太訳（2021）メンタライジングによる子どもと親への支援──時間制限式MBT-Cのガイド．北大路書房.

第Ⅰ部
メンタライジングを臨床に生かすとは？

　この第Ⅰ部では，メンタライジング，MBT が依拠する理論と実践手法のエッセンスをできるだけ網羅的に，できるだけシンプルに伝えようとする。まず第1章では，西村がメンタライジングの基本理論を紹介する。第2章では，引き続き西村が児童・思春期とその家族のための MBT の具体的枠組みと関連手法を紹介する。第3章では，石谷がアセスメントやその実証的手法について概説する。「はじめに」で述べたように，MBT は，実にさまざまな領域の概念や理論が用いられている。初めて触れる人は，その量と難しさに圧倒されるかもしれないが，よく見ると日常的に接する現象の説明であり，安心して学んでいただきたい。

　本書が扱おうとしているのは児童期から思春期・青年期とその家族のメンタライジング臨床である。それに関わる MBT の主要理論を紹介するにあたり，成人 BPD の MBT を構成する理論をベースにしつつ，MBT-C（とりわけ，ミッジリーらによる『MBT-C ガイド』）を中心に，部分的に MBT-A (Rossouw, 2012) を取り入れながら紹介していきたい。MBT-A に関しては，Rossouw, Wiwe, & Vrouva による『Mentalization-based Treatment for Adolescents: A Practical Treatment Guide』が 2021 年に刊行されたばかりで，執筆者がまだ十分カバーできていない。この点，どうぞお許しいただきたい。なお，現在翻訳作業が進行中であり，今後普及して充実していくことを期待したい。

　成人の境界性パーソナリティ障害の治療プログラムとしての MBT（特に MBT-PD と呼ばれる）にせよ，児童を対象とした MBT-C，思春期を対象とした MBT-A にせよ，それらは狭義の意味では，対象や治療構造，期間等の規定された治療パッケージである。したがって，特に第2章，第3章の実践方法においては，日本の現場の現状とのギャップがあるだろう。本書の趣旨は，それらのアイディアを日本の現場にどう生かすかにある。このメンタライジング理論がどのように生かされるか，読者各自で想像しながら，第Ⅱ部，第Ⅲ部につなげてほしい。ただ，「本来の」MBT-PD，MBT-C，MBT-A を無視してよいわけはなく，我流で終わってよいというつもりはない。その点，ご注意いただきたい。

（西村　馨）

第1章

MBT理論の概観
──いまどきの子どもと親のためのメンタライジング──

西村　馨

1.『いまどきのこども』

　1990年代に玖保キリコがかいていた『いまどきのこども』というマンガがある。主人公キリ太はシャイで表情に乏しいが、デリケートで、本質を見抜いている。登場する子どもたちは、クセのある子どもだが、ある意味「子どもらしい」、憎めないキャラで、人気を博した。

　だいたい、いつの時代も「いまどきのこども」は、礼儀を知らないとか、遊んでばかりだとか、大体いつでも責められるものである。多くの場合、その文化や時代において身につけることが求められる知識、行為、習慣、礼儀があり、社会は子どもに働きかけて、それらを習得させようとする。そうやって子どもは大人になってきた。

　しかし、近代以降、社会の変動のスピードがきわめて速くなり、有効な「大人」のモデルを提供しにくくなり、文化を継承するシステムが機能しにくくなった。また、核家族化が進行し、地域のネットワークもなくなり、子育てのアートが伝承されなくなった。多くの親が、「子どもの心がわからない」と訴えるのは、もっともなことである。

　私自身の臨床現場やスーパービジョンを通して、ひとつの現代的特徴を感じている。親子の情緒交流がうまくなされていないこと、大雑把な言い方をすれば、「心がすれ違っている、つながらない、通い合わない」という事態である。

　ひとつの事例を思い出す。その中学生女子は万引きがやめられないでい

た。盗むものはコスメやキャラクターグッズといった少額のものが中心だっ
たが，彼女の家庭は裕福で，小遣いで十分買えるものだった。彼女は一人っ
子として大事に育てられた。親子間にも夫婦間にもいさかいやトラブルはな
かった。そのような環境で育った彼女の非行に，両親は大いに困惑した。担
任教師や彼女と面談した専門家も不思議に思った。だが，そこに落とし穴が
あった。この，トラブルのなさである。

　子どもの健康な成長とは，自己主張して養育者と対立しながらなされる。
彼女は，自分の欲求や感情を表現していなかった，伝えていなかった。言わ
ば，「良い子」を演じていたのだが，親もそれに気づかなかった。これが「心
のつながらなさ」の一つの典型例である。「良い子」になるのだからいいで
はないかと思うかもしれないが，子どもは，甘えたり，すねたり，だだをこ
ねたりしながら「自分であること」や「主体性」を育んでいくのである。彼
女は，良い子でないと安心できない，よそよそしい関係の中にいた。ネガティ
ブな感情をやりとりできない夫婦間の表面的関係，脆弱さが影響を与えてい
ただろう。そんな彼女は寂しかったのだろうし，万引きは「ほしいものを自
分で手に入れられる」ことを確認するための行為だったのかもしれない。

　成長に必要なものがないことに気づくのは，臨床事例を理解する際に非常
に重要である。「必要なのに与えられなかったもの」とは，親や周囲の大人
に理解されなかったもの，認められなかったものでもある。親は，子どもの
心の状態をそのままに感じ取れない。子どもは，親に合わせ，自分の感情が
よくわからないでいる。それが，私の感じる典型的な「いまどきの親子」で
ある。だが，本来子どもは自分の心の状態を「そのままに理解される」こと
で，主体感覚を育めるのである。その「理解する」ことが，本書の主題であ
るメンタライジングなのである。

II．メンタライジングとは何か

　メンタライジング（mentalizing）については，すでに多くの成書で緻
密になされ（Bateman & Fonagy 池田監訳，2006/2019；Allen, Fonagy &
Bateman 狩野監訳，2008/2014；上地，2015；Midgley et al. 上地・西村監訳，

2017/2021），解説書（崔，2016；池田，2021）も出てきている。詳細な説明はそちらに譲り，本書は，できるだけコンパクトにエッセンスを伝えるものにしたい。

　メンタライジングの最も簡潔な定義は，「自他の行動の背後にある心理状態について推測，想像，解釈するプロセス」である。他に，「心で心をとらえる（hold mind in mind）」，「他者を内側から見，自己を外側から見る」といった説明もある。したがって，メンタライジング能力が適切に育っていると，対人関係や社会的関係の理解を助けるだけでなく，注意制御と感情調整を高め，自己感を育み，維持するのに役立つ。

　現在，メンタライジングという言葉は Uta Frith による自閉症研究の流れと，Peter Fonagy らによる精神分析的・力動的セラピーの流れの両方の広がりによって，脳神経科学，発達，認知，社会など幅広い心理学領域で用いられている。むろん定義は共通しているが，臨床，とりわけ心理療法的支援の実践家にとっては，個人の固定的な能力ではなく，関係性と表裏一体のもの，その瞬間瞬間に働く心のプロセスとしてとらえることが一般的であろう。

　なお，「メンタライゼーション」という表現もよく用いられるが，現在では，響きが古めかしいということもあるらしく，MBT の正式名称 "mentalization-based treatment" を用いる時くらいしか使われなくなっているという（序文参照）。

1.　愛　　着

　さてこのメンタライジング概念が重要視されるようになったのは，ひとことで言えば，愛着形成においてそれが必須であると研究によって明らかになったためである。

　愛着とは強い特定の個体への情動的絆だと定義される（Bowlby, 1969）。子は，そのような愛着対象（通常は親）のそばにいることで安全性を高め，危機に際しては保護を求める。そのような行動のパターンを生み出す心の働きを愛着システムと呼ぶ。愛着は不安定な心理状態を安定させるので，感情調整の働きを持つ。安心感が十分であれば，外界を積極的に探索したり，内面を自由に探究する，つまり自分の思いにふれたり，表現したりする

（Bowlby, 1988）。逆に言えば，愛着が適切に形成されていないと感情調整が難しい。その点が臨床的な介入の重要な焦点になる。

　愛着は，Ainsworth の有名な乳児の実験研究（ストレンジ・シチュエーション法：SSP）によって，安定型，不安定－アンビバレント型，不安定－回避型の３つにタイプ化された（Ainsworth, M. D. S., Blehar, M., Waters, E., & Wall, S., 1978）。後に無秩序・無方向型が付け加えられ（Main & Solomon, 1990），現在では４タイプモデルが一般的である。また，後に Main が愛着タイプを判定する成人愛着面接（AAI）を開発し，上のタイプとの対応を確認した（Hesse, 1999）。

　簡単にそのタイプの意味を説明しておこう。

　安定型は，愛着対象を安心の基地として利用しながら外界の探求を行い，脅威を体験すると保護を求めて戻るが，愛着対象と再会すれば動揺は比較的早く収まりやすい。

　不安定－アンビバレント型は，愛着対象に対する態度がアンビバレント（両価的。２つの思いが相反する）であり，攻撃したり，拒否したりする，「好きだけど嫌い」という態度を取りやすい。つまり，自分が不安定な状態になった時，愛着対象を強く求めるが，際限なく求めて，落ち着きにくい。そのようなやり方は，愛着の過活性化方略と呼ばれる。

　不安定－回避型は，愛着対象に対する態度が回避的で，無関心であるように見える。自分が不安定な状態になった時，愛着対象を求めない。保護を求めようとする傾向はあるはずだが，愛着の求めを抑えることで自分の動揺を小さくしようとしているのである。そのようなやり方は愛着の不活性化方略と呼ばれる。

　無秩序・無方向型は，愛着対象への態度にまとまりがないために名付けられた。虐待を受けた子どもに多く見られる。虐待的な親の暴力のため，子どもは怯えに支配され，親の行動を予測できず，信頼できない。このパターンは愛着を活性化する／しないで説明できない。

　愛着安定型とは，動揺しないという意味ではなく，感情に自由にアクセスできるという意味であり，愛着不安定型とは，「情緒不安定」なのではなく，過剰に反応してしまいがちだったり，限られた感情にしかアクセスできないことを意味している。実際には，典型的タイプには見えない中間的なものや

混合的なものが少なくなく，その中身を理解する必要がある。

2. 愛着とメンタライジング

　なぜメンタライジングが愛着形成に必須なのかという問題に戻ろう。子ども の愛着の安定性と親の愛着の安定性には関連があることが見出されてい た。それがなぜ生じるのか，うまく検証できなかったのだが，Fonagyら（1997） は，メンタライジングが媒介していることを明らかにしたのである（Allen et al., 2008）。すなわち，愛着安定型の親は子どもの心理状態を理解する能力， すなわちメンタライジング能力が高い。それによって，子どもは自分の心理 状態をよく理解され，安定した愛着が形成できていたのである。逆に言えば， 親のメンタライジング能力が低ければ，子どもは自分が理解されたと感じら れず，愛着が安定しないのである。

　親が子どもの状態に気づいて，適切に反応することを通して，子どもは自 分の心身の状態に気づくことを，発達の初期段階から学んでいるのである。 もう少し詳しく言うと，例えば，乳児は何か不快なことがあれば泣く。空腹 な時，暑い時，痛い時，気持ち悪い時など，さまざまな不快があるが，自分 ではそれがどのような状態なのかわかっていないまま，すべて「泣く」とい う反応で表出される。親は，その状態を見極め（それが簡単だとは限らない が），ミルクを与えたり，汗を拭いたり，さすったりする。そのようなこと が繰り返される中で，子どもは，ついに「自分はおっぱいがほしいんだ」と 気づくようになる。つまり自己の状態についての認識，メタ認知が形成され るということである。

　この「自分の状態に気づく」ということは，極めて重要な心身発達の基盤 である。行為主体性といわれたり，「心を見わたす心」（崔，2016）と呼ばれ たりしている。あって当然の，些細なことに見えるかもしれないが，先の万 引きの例にせよ，多くの心理的問題は，この自己状態に気づくことが難しい ところからきていると言ってよいほど重要である。

3. ミラーリング

　このような，子どもの状態に気づく親との関係のプロセスについては，ミラーリングのプロセスとして説明されている（図 1.1 参照）。

　Fonagy と Allison（2014）は，適切なミラーリングとは，①随伴的であること：情動表出の後に，良いタイミングで，行われること，②適合的であること：心理状態を正確に映し返すこと，③有標的であること：その情動が乳児のものであることを伝えるためのマークがついていること，を備えているとしている。

　有標的という概念はやや難しいであろう。その感情が乳児のものであることを伝えるマークとは，例えば，大げさな表情や発声といったものであり，親は乳児の感情を認識しているが，親自身はそれを乳児と同じように体験しているのではないということを伝える働きがある。これにより，親が感じている主体的な乳児という表象が乳児の中に内在化され，乳児の主体的自己の感覚が形成される。またそのようなミラーリングには，部分的に，強度を下げて映し返す働きがある。要するに少し穏やかな様子で伝えることで，乳児も落ち着き（これを情動の下方調整と呼ぶ），養育者の反応を取り入れることが可能となる。これは感情調整の体験である。これが繰り返されると，経験が記憶として蓄積され，自分自身の感情を適切に調整できるようになる。

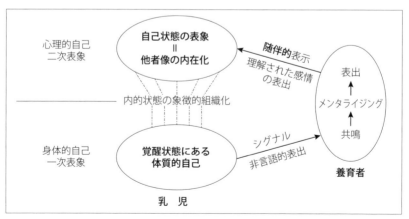

図 1.1 ミラーリングによる自己調整・感情調整
（Fonagy, Gergely, Jurist & Target, 2002, Bateman & Fonagy, 2004 をもとに作成）

　また痛みや空腹感という，そこにあって当然のものが「ある」ものとして体験されるようになる。つまり，子どもが「本来の自分の感覚」に基づいて，他者と関わることが可能になる。やがて言語化できるようになり，空腹時に「おっぱい〜」と言えるようになる。つまり，身体の感覚・欲求が自覚され，求めるという「主体的」行動になっていく。これは，この空腹時の身体感覚にとどまらず，さまざまな感覚，情動，欲求について，自覚して，主体的に動けるようになっていくのである。このように，親のメンタライジングがなければ，子どもは自分の情動を自分の感情として体験することができない。感情というものは勝手に育つものではなく，省察してくれる相手がいてくれて初めて育てることができるということを意味している。

　情動（emotion）と感情（affect）の違いについて少し触れておこう。情動は身体レベルで生じている感覚や欲求の反応である一方，感情はそれらを意識的，言語的にとらえ，意味づけることで生じるものである。すべての情動を適切に，十全にとらえることはできないが，ここでは，適切に学ばなければ身につかないことに注意したい。

　先述の万引きしてしまう女子は，顧みてもらえないさみしさや，ひょっとしたら怒りを，ミラーリングしてもらえなかったと推測される。すると，そのような身体感覚と，受け止められた体験がつながらず，情動は「自分の感情」として認識されず，名前のない身体感覚のままとどまることになる。それを認識して他者に伝える道筋がない。精神分析で言う抑圧された無意識とは異なっている。さみしさの身体感覚は「心」との接点を失い，身体の中で言語化困難なもやもや体験にとどまる。その身体的感覚に対処するために，問題行動を起こすようになる。

4. メンタライジングの4次元

　メンタライジングが「自分や他者の心理状態を想像し，解釈する」行為だと言っても，実は範囲が幅広い。どこに向けられるのか，どのように働くのかなどの観点から，4次元あると説明される。

①自動的（黙示的）–制御的（明示的）の次元

　自動的（黙示的）とは，言語を用いず，瞬時にとらえるということである。

例えば，相手の見せるちょっとした表情やしぐさから，その気持ちや意図を判断するやり方である。一方，制御的（明示的）とは，言語を用いて，時間をかけてわかっていくやり方である。誰しもその両方を用いているし，安定した関係の中では自動的（黙示的）なメンタライジングがスムーズに行われやすい。だが，いつでもそうなるわけではなく，丁寧にわかる制御的（明示的）な方法も必要である。特に，自動的（黙示的）メンタライジングが過去の経験に基づいた偏りが入ることもあり，それを制御的にチェックすることはひとつの治療の目標になりうる。

②自己‒他者の次元

自分に向けられるか，他者に向けられるかということである。

③外的‒内的の次元

外的とは，表情，行動，声のトーン，テンポ，ピッチなど人が外側にあらわしたものから，その心理状態を推測することである。一方，内的とは，対象が他者であれ自分であれ，その状況やそれに関わる情報や知識に基づいて状態を推測することである。内的メンタライジングが欠如すると，主観的な偏りが入りやすくなる。

④感情‒認知の次元

感情や情動について推測するか，考えについて推測するかということである。いわゆる心の理論（ToM）は，メンタライジングのうち，他者についての認知をとらえる能力を指す。共感とは，通常，他者の感情を理解することを指す。

一般に，上の各次元の両極のバランスをとることで健康な機能が維持されるが，危機的状態，発達上の問題，特定の病理を持つと，どちらかに偏って，それが固定化されることになる。それをつぶさに理解することがメンタライジング機能のアセスメントとなる（第3章参照）。

5. 良いメンタライジング

ここで，良いメンタライジングとはどういうものか，もう少し触れておこう。自分自身やお互いの心を理解するとは，想像や推測の過程だと述べた。心は不透明であり，推測に絶対はない。良いメンタライジングとは，そのこ

とをわきまえていることである。たとえば，ひとつの視点にとらわれない柔
軟な見方ができる。また，堅苦しさの反対の遊び心を伴っていて，ユーモア
を交えた関わりができる。他者の経験や意図を決めつけないで自分の体験を
説明できる。言い換えると，自分と他者が分化している。そのため，自分と
相手の見方の違いを踏まえて，衝突を上手に解決できる。また，語りが感情
を伴った物語（ナラティブ）になっていて，気持ちが伝わってくる。

　メンタライジングがうまく機能しない時はこの逆である。他者の考えにつ
いて，確信的に決めつけ，一方的になってしまう。自分の考えを振り返られ
ず，別の考えを見出しにくい。伝えたい気持ちがはっきりしない。

III. メンタライジングの促進と阻害

1. 覚醒水準

　メンタライジングは，個人の能力だけでなく，状況にも左右される。覚醒
がほどよい水準にないとできないものである。図1.2は，ストレスによる覚
醒度の高まりによって前頭前皮質で行われる制御的メンタライジングが働く
が，ある程度高くなると，危険を察知して愛着システムが活性化して，皮質
後部や皮質下部で行われる生存のための自動的メンタライジングへとスイッ
チするさまを表している。

　付け加えると，虐待などの過剰なストレスを体験することにより，制御的
メンタライジングから自動的メンタライジングへの切り替えは，より低い覚
醒で生じるようになる。つまり，制御的メンタライジングができる範囲が狭
まることになってしまう。これは，トラウマが精神機能に果たす影響をよく
説明するものである。心理治療や心理的支援の目標は，より覚醒が高いとこ
ろで切り替えが起こるように，制御的メンタライジングを練習していくこと
であると言える。

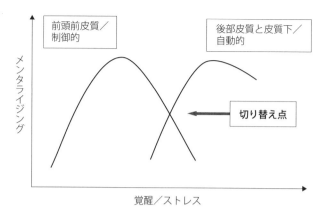

図1.2 ストレスとメンタライジング（制御的／自動的の切り替え）
（Luyten et al., 2012）

2. 親子のメンタライジング困難

　親子という2人の関係で覚醒度が高まると厄介なことになることは私たちもよく知っている。どちらがイライラしてしまうと，その強い情動のためにメンタライジングができなくなってしまう。そうすると，相手の感情を理解できず，自分が理解されていると思えず，理解させようと攻撃的な姿勢をとる。それが相手を怯えさせ，相手のメンタライジングを低下させ，メンタライジングが両者ともにできなくなり，2人して泥沼にはまることになる（図1.3）。これが繰り返されると，威嚇によって相手を支配するパターンが常態化することになってしまう。

3. 認識的信頼と顕示的手がかり

　ここでしばし，ミラーリングの話に戻ろう。子どもの体験をミラーリングすることで感情を教育するという営みは，日常生活の中で自然に行われている。CsibraとGergely（2009）は，この過程を特に重視し，ナチュラル・ペダゴジー（natural pedagogy）理論を提唱した。ナチュラル・ペダゴジーとは，自然な営みの中で行われる教育，ということである。すなわち，乳児は養育者が示す顕示的手がかり（otensive cue，明瞭なサインのこと）に気づ

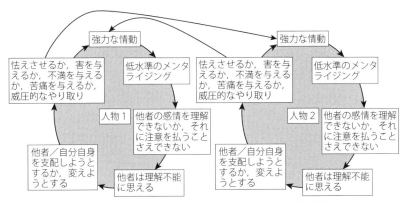

図 1.3　親子の絡み合いによるメンタライジングの悪循環
（出典『MBT-C ガイド』p. 35）

くと，そこに注意を向け，養育者が伝えようとしていることを学ぶ。先に説明した有標的ミラーリングにおける有標性，つまり，「これは君の気持ちだよね」ということを示すマークは顕示的手がかりの一つである。乳児はミラーリングに注意を向け，感情を認識し，感情調整する。そして，養育者との愛着が深まる。そうして，養育者の伝えることを自分に関わりがあることとして学ぶ。この，人から得た新しい知識を自分にとって意味があるものとみなそうとする意志を認識的信頼（epistemic trust）と呼ぶ。愛着は認識的信頼を高める。だが，認識的信頼は乳児期のみの問題ではない。生涯を通じた社会的学習の基盤となる。

　Fonagy と Allison（2014, p. 372）は，成人向けの MBT を，「愛着に支えられた社会的学習と関わりのある認識的信頼を確立する」手段だと説明した。つまり，セラピストとの関係において認識的信頼を通して得た知識すべてが変化の要因になりうるのである。Fonagy らは，治療的変化を，①認識論的マッチ（epistemic match），②メンタライジングの改善，③社会的学習の回復の３側面から論じた（Fonagy, Luyten, Allison, & Campbell, 2019）。つまり，MBT では，面接室でこの認識的信頼を高め，セラピストとの間で得たことを日常生活場面に活かすことで変化していくというのである。

　この点は（治療論，技法のところで改めて論じたいと思うが）非常に重要である。私たちは，クライエントが現実の世界を生きることを助けようとす

る。面接室での変化が，現実生活の有意義な変化と結びついていれば，成果を感じやすく，とらえやすいであろう。逆に，現実生活の変化に貢献するものでなければ，治療者の独りよがりかもしれないのである。

　また，このモデルは常識的ながら，特に子どもには大きな意義を持つ。彼らは，学校であれ，施設であれ，病院であれ，彼らの指導者全般の姿勢を有益なものへと方向づけることになるだろう。指導者は，子どもに対して「聞く耳を持った」人であり，それによって，子どもとの間に信頼関係を築く。子どもは指導者が自分を理解してくれる人だから「言うことを聞く」のである。学校教育現場における生徒指導のあり方を方向づけた「生徒指導提要」（文部科学省，2010）では，児童生徒を理解することを通して信頼関係を形成し，それによって子どもが変化していくことが期待されている。この原理は，施設や病院でも，現場を問わず取り入れることができるものだろう。

4. 愛着トラウマとメンタライジング

　さて，臨床現場で「今どきの」子どもが呈する問題を理解する際に重要な鍵となるのがトラウマの問題，とりわけ，対人関係の中で生じたトラウマである。メンタライジングで注目されるのは，とりわけ愛着トラウマである。これには，愛着関係の中で生じたトラウマ，例えば虐待によるトラウマの体験という意味と，愛着がトラウマによって損なわれるという2つの意味を持つ（Allen et al., 2008）。

　DSM-5の愛着障害（反応性愛着障害，脱抑制型愛着障害）には，この愛着トラウマが関わっているだろうが，いつも愛着障害を生み出すわけではない。そもそもBatemanとFonagyが境界性パーソナリティ障害（BPD）を愛着の観点からとらえたのも，この愛着に関わる強烈なトラウマを見て取ったためである。崔（2016）は，さらに，BPDに限定せず，複雑性PTSD，解離性同一性障害，摂食障害，うつ病の一部といった精神疾患を愛着に関わるトラウマによって引き起こされたものとして「外傷的育ち」の概念を提唱した。さらに児童・思春期においては，診断名が付くか否かに関わらず，さまざまな問題行動の背後に愛着トラウマの問題が潜んでいることがある。すなわち，愛着トラウマは，精神疾患から，愛着の課題を抱える人，適応して

生活している人にまで幅広く関わる問題であると言え，より普遍的，一般的な問題として見る意義がある。さらに言えば，愛着の障害や課題を固定的に見ず，発達途上にある，変化可能なものととらえることは，子どもの臨床には不可欠であろう。

　ここで，ヨソモノ自己という重要概念を紹介しておこう。ミラーリングをする際に，乳児の情動を養育者が省察して，有標的に，つまり乳児の感情として映し返すことで乳児の主体的自己の表象の形成に寄与すると説明した。だが養育者が子どもの情動をメンタライズせず，自分の生の反応（例えば，「うわっ，気持ち悪い！」「なに！　なんてこと言うの！」「泣くな！」といった反応）を示したり，子どもの状態を誤って，あるいは歪んでとらえるとどうなるだろう。子どもは，自分の情動を受け止められた体験をせず，むしろその情動を否定する親の反応を内在化する。そのため，行為主体的自己の表象が本来の情動と結びつかなくなる。このような，本来の情動とは異質な自己の表象をヨソモノ自己と呼ぶ。子どもは，本来の情動をメンタライズできないまま，ヨソモノに支配されることになるのである。

　典型例として，頑張り続けながら自傷する青年を挙げられる。彼らはよい成果を上げていなければならないと努力する。うまくいかないとき，辛いと感じる自分を弱いと考えて，自分を責め，いっそう頑張ろうとする。その，「弱い」自分を責めたてるのがヨソモノ自己である。その結果行われる自傷行為は，ヨソモノ自己から自己を解放するための手立てだと理解される（Fonagy, 2000；Rossouw, 2012）。

　親や周囲の大人はその熱意と努力をほめ，期待したり，逆に成果が上がらないときに「甘えている」と責めたりしてしまう。そうしてヨソモノ自己を強化してしまうのである。学業，スポーツ，芸術などで成果が期待されたり，頑張りや努力が美徳とされたりする状況ではこの点に注意する必要がある。励ましとヨソモノ自己の助長は紙一重かもしれない。「頑張らねば」という思いの苦しさを認めることが重要である。だが，優秀な成果によって自己を承認してきた人は，ヨソモノ自己を手放す際に強烈な見捨てられ不安が働くことも多い。その克服のためにこそ，メンタライジングによる安心できる人間関係が必要なのである。

5. メンタライジングの発達不全と途絶

メンタライジングの失敗には2種類がある。ひとつは，メンタライジングが発達していないため（その人の限界）であり，もうひとつは，発達しているが，そのときの状況，例えば一時的なストレス，によるため（誰にでもあるもの）である。前者を発達不全（underdeveloped）と呼び，後者を途絶（breakdown）と呼ぶ。

メンタライジングの発達不全は，次のような特徴が一つ，あるいは複数ある。

> 自分が何を感じているのかわからない／感情をつかんで自分を調整することができない／自分を外側から見られない／自分のパーソナリティを説明できない／自分の人生のストーリーを語れない／極端な気まぐれ／考えすぎるなど（『MBT-C ガイド』p. 38）

彼らは，そのような基本的能力を発達させる機会を得ておらず，不安定型あるいは無秩序型の愛着タイプで，ネグレクトやトラウマの背景を持っていることがある。自閉スペクトラム症といった神経発達症のためにメンタライジング不全をきたすこともあるだろう。だが，メンタライジングができる／できないの2分法ではなく，どこが問題かという詳細な検討が必要である。

発達不全については，次章で説明するメンタライジングの構成要素（注意制御，感情調整，メンタライジング能力）を支える介入が有益であろう。

1）メンタライジングの途絶

メンタライジングの能力が発達していたとしても，覚醒度の高まりやストレスによってメンタライジングが一時的に，あるいはそれなりの長期間にわたって途切れることがある。どのポイントで，どのような要因でこの途絶が生じるのかを見つけ出すことは，やはりアセスメントの重要事項である。ここでは，メンタライジングが途絶した際に生じる非メンタライジングの3種類を簡単に紹介しておく。

2）非メンタライジングモード
①心的等価モード

　このモードは，心の内側で体験していることを，そのまま現実だととらえることである。夢を見ている時，フラッシュバックを体験している時，妄想状態にある時はこのモードである。自分の思ったことが現実だと強く確信しており，別の考えを考慮することが難しい。

②目的論的モード

　このモードは，心理状態を推測したり，考えたり，共感したりしようと考えるのではなく，物理的方法によってのみ伝えたり，解決したりすることができるとすることである。「お金をくれるから，愛してくれてるってわかる」「勉強ができなくて苦しいなら勉強すればいいのよ！」「親なら親らしいことをちゃんとやって！」「心配しているのならセッションを延ばしてください」といった発言は，このモードから生まれる。心理状態を具体的な事柄を通じてとらえる点で，心的等価と関連がある。

③プリテンド・モード

　このモードは，心的世界が現実と切り離されているものと説明される。少しわかりにくいが，臨床現場では頻繁に出くわすものである。つまり，あれこれと説明されても自己完結の堂々巡りになっていたり，抽象的だったり，具体性を欠いていて実感が伝わってこなかったりして，話やセラピーの場面での遊戯に退屈や空虚を感じるものである。あるいは，話していることとやっていることがちぐはぐだったり，あるいは話そのものがちぐはぐだったりして，奇妙さを感じることもあるかもしれない。

　個人が特定のモードを慢性的に用いることもあるが，一人の人が複数モードを移行しながら使うことも多い。先の自傷行為をする若者が典型的である。自分の心理的苦痛の実態を明確につかめず，他者に対しても抽象的な説明をする（プリテンド・モード）。そのため，理解も得にくく，孤立し，ますます苦痛が高まり，苦痛を与える部分が身体にあると感じる（心的等価モード）。それを消去すれば苦痛がなくなると考え自傷行為に至る（目的論的モード）

（注：2022年2月のMBT Basic Training in JapanでのPeter Fonagyの説明）。なお，心理教育をする際には，クライエントや家族に伝えるためにくだけた言葉で言い換えたりする。心的等価は「脳みそ沸騰（boom brain）」モード，目的論は「即解決（quick fix）」モード，プリテンド・モードは「部屋の中の象（elephant in the room）」モードなどと呼ばれたりする（部屋の中の象とは，明らかにおかしいことがあるのにそれにふれない奇妙さを表す言い回しである）。

　その他，過剰メンタライジング（他者の対人行動を過剰に解釈して意味づける），擬似メンタライジング（他者の心理状態に関心を寄せるが，真に関心を向けているわけではない），具象的メンタライジング（観察できる行動にのみ関心を寄せる）などのさまざまな非メンタライジングスタイルも見出されている。

Ⅳ．本章のまとめ

　現代において心理的支援を求めて来談する子どもやその家庭の事例の大半において，自分や他者の感情や考えを適切に理解できず，対人関係が持ちにくくなり（孤立したり，こじれたり），感情調整が困難になってしまう状態が見られる。そこにはメンタライジングの不全，すなわち「心」を推測して，関わっていくことの困難が関わっている。

　メンタライジングは，ほどよい覚醒度をもった安心感の中で働きやすく，認識的信頼を高めやすくなる。一方で，脅威やストレスによって途絶しやすい。その際，非メンタライジングモードを起動させる。また，愛着とゆるく関連しており，トラウマや虐待の影響によって愛着形成が疎外されたり，多世代にわたって続いていたりすると，メンタライジングの発達不全が生じやすい。

　メンタライジングの理論ははじめのうち，多くの人にとって聞きなれない概念が多く，困惑させるかもしれない。だが，日常の臨床で体験する現象を思い浮かべながら考えると，実は頻繁に出くわしていることであり，それらの厄介な現象を理解する有益な道具であることがわかってくるであろう。

文 献

Ainsworth, M. D. S., Blehar, M., Waters, E., & Wall, S.（1978）*Patterns of attachment: A psychological study of the Strange Situation.* Hillsdale, NJ: Erlbaum.

Allen, J. G. & Fonagy, P. (Eds.)（2006）*Handbook of mentalization-based treatment.* John Wiley & Sons Ltd. 狩野力八郎監訳・池田暁史訳（2011）メンタライゼーション・ハンドブック——MBTの基礎と臨床. 岩崎学術出版社.

Allen, J., Fonagy, P., & Bateman, A.（2008）*Mentalizing in clinical practice.* Washington D.C.: American Psychiatric Publishing, Inc. 狩野力八郎監訳・上地雄一郎・林創・大澤多美子・鈴木康之訳（2014）メンタライジングの理論と臨床：精神分析・愛着理論・発達精神病理学の統合. 北大路書房.

Bateman A, Fonagy P.（2004）*Psychotherapy for borderline personality disorder: Mentalization-based treatment.* New York: Oxford University Press. 狩野力八郎・白波瀬丈一郎監訳（2008）メンタライゼーションと境界パーソナリティ障害：MBTが拓く精神分析的精神療法の新たな展開. 岩崎学術出版社.

Bateman, A. & Fonagy, P.（2006）*Mentalization-based treatment for borderline personality disorder: A practical guide.* Oxford University Press. 池田暁史監訳，東京メンタライゼーション研究会訳（2019）メンタライゼーション実践ガイド——境界性パーソナリティ障害へのアプローチ. 岩崎学術出版社.

Bowlby, J.（1969）Attachment, Volume 1: *Attachment and loss.* London: Hogarth Press. 黒田実郎他訳（1976）母子関係の理論Ⅰ 愛着行動. 岩崎学術出版社.

Bowlby, J.（1988）*A secure base: Clinical applications of attachment theory.* London: Routledge. 二木武他訳（1993）母と子のアタッチメント——心の安全基地. 医歯薬出版株式会社.

崔炯仁（2016）メンタライゼーションでガイドする外傷的育ちの克服——〈心を見わたす心〉と〈自他境界の感覚〉をはぐくむアプローチ. 星和書店.

Csibra, G. & Gergely, G.（2009）Natural pedagogy. *Trends in Cognitive Sciences, 13*, 148-153.

Fonagy, P.（2000）Attachment and borderline personality disorder. *Journal of the American Psychoanalytic Association, 48*, 1129-1146.

Fonagy, P. & Allison, E.（2014）The role of mentalizing and epistemic trust in the therapeutic relationship. *Psychotherapy, 51*, 372-380.

Fonagy, P., Gergely, G., Jurist, E. L., & Target, M.（2002）*Affect regulation, mentalization, and the development of the self.* Other Press.

Fonagy, P., Luyten, P., Allison, E., & Campbell, C.（2019）Mentalizing, epistemic trust and the phenomenology of psychotherapy. *Psychopathology, 52* (2): 94-103.

Fonagy, P., Redfern, S., & Charman, A.（1997）The relationship between belief-desire reasoning and a projective measure of attachment security (SAT). *British Journal of Developmental Psychology, 15*, 51-61.

Hesse, E.（1999）The Adult Attachment Interview: Historical and current perspectives. In J. Cassidy & P. R. Shaver (Eds.). *Handbook of attachment: Theory, research and clinical applications* (pp. 395-433). New York: Guilford Press.

池田暁史（2021）メンタライゼーションを学ぼう——愛着外傷をのりこえるための臨床アプローチ. 日本評論社.

上地雄一郎（2015）メンタライジング・アプローチ入門——愛着理論を生かす心理療法. 北大路書房.

Luyten, P., Fonagy, P., Lowyck, B., & Vermote, R.（2012）Assessment of mentalization. In: A. Bateman & P. Fonagy (Eds.). *Handbook of mentalizing in mental health practice* (pp. 43-65). Washington, DC: American Psychiatric Publishing.

Main, M., & Solomon, J.（1990）Procedures for identifying infants as disorganized/disoriented during the Ainsworth strange situation. In M. T. Greenberg, D. Cicchetti, & E. M. Cummings

(Eds.). *Attachment in the preschool years* (pp. 121–160). Chicago: University of Chicago Press.

Midgley, N., Ensink, K., Lindqvist, K., Malberg, N., & Muller, N.（2017）*Mentalization-based treatment for children: A time-limited approach.* American Psychological Association. 上地雄一郎・西村馨監訳, 石谷真一・菊池裕義・渡部京太（2021）メンタライジングによる子どもと親への支援――時間制限式MBT-Cのガイド. 北大路書房.

文部科学省（2010）生徒指導提要. https://www.mext.go.jp/a_menu/shotou/seitoshidou/1404008.htm

Rossouw, T.（2012）Self-harm in young people: Is MBT the answer? In N. Midgley & I. Vrouva (Eds.). *Minding the child: Mentalization-based interventions with children, young people and their families* (pp. 131-144). London: Routledge.

第2章

子どもと家族のための
メンタライジング臨床の基本的枠組み

西村 馨

Ⅰ. はじめに

　本章では，前章で紹介した理論を踏まえ，この後の実践記録を理解するための技法についての概要を伝える。

　子どもと家族のためのMBTは，力動的心理療法を土台としながら，CBT（行動論，認知論），家族システム論，社会システム論とも統合できるひとつのモデルであり，実際さまざまな治療プログラムが考案され，実践されている。

　また，子どものMBTは特定の症候に限定されない汎用的アプローチである。メンタライジング能力は，診断や問題行動の共通基盤であると考えられ，メンタライジング能力を向上させることで，顕在化している問題を改善していくのである。児童期では不安症や対人関係の問題，適応上の問題などに用いられることが多く，思春期・青年期では自傷行為，摂食障害，境界例パーソナリティ障害などに用いられることが多いが，近年では，自閉スペクトラム症にも用いられ，効果が示されている（Malberg, 2021）。なお，ADHDへのMBTの効果性も検証されつつあるが，成人対象までである（Badoud, Rüfenacht, Debbané, et al., 2018）。

　認識的信頼のところで説明したように，メンタライジング能力の向上は，面接室の外での社会的学習を展開させ，現実生活での変化をもたらす。そのため，養育者との連携は重要な役割を果たす。養育者との関係や養育者自身が変われば，子どもも変化しやすく，その変化が維持，発展しやすくなる。

メンタライジングを軸とした社会システムへの働きかけも重視され，コミュニティや支援者のメンタライジング機能を高める介入もある。

　子どものMBTは，「メンタライジング機能を向上させる諸方法」の体系であるが，いくつかの点についてあらかじめ注意しておいた方がよいだろう。

- **発達を考慮すること**：子どもは発達途上の存在であり，問題行動や病理的部分に焦点化するのではなく，発達を考慮し，発達を促進することが重要となる。
- **治療構造を適切なものにすること**：治療技法を効果的なものにしていくために治療構造をデザインし，活用しながら進めていくことが重要である。
- **治療の中でメンタライズすること**：これはいわゆる治療技法論であり，治療プロセスの中核をなす。
- **支援者たちのメンタライズを維持し，高めること**：個々の実践家のスーパービジョンと組織のメンタライジング機能をどう高めるかという問題である。

　以下に，これらの問題の観点から子どものMBTの技法を順次説明していく。

II. 子どもの MBT の技法

1. 発達を考慮すること

　子どもは発達途上の存在であり，問題行動は，大なり小なり発達上の困難の結果表れてくる。問題をなくすることが目標なのではなく，発達上の課題への取り組みを助け，その軌道に戻れることが目標になる。

　子どもの臨床家であれば，病理的部分ばかり見るのではなく，子どもの得意な部分，長所，強さ，レジリエンス，Winnicott (1964) が「生気のほとばしり（vital spark）」と呼んだ部分を視野に入れ，成長を助けることの意義をよく認識しているであろう。問題を深く掘り下げて根治を目指す必要はない。強さを強調（emphasize）し，弱さに共感（empathize）する。病理とは，過

去の衝撃的出来事や継続的関係性によって生じた精神活動機能の不全，あるいは危機対処のパターンが不必要に維持されていることを指す。それが個体の成長力を阻害してしまい，柔軟な発達可能性をそいでしまう。そこで，固定化した病的部分にメンタライジングの光をもたらして柔軟性を高め，発達の流れに乗ることを目指す。

　MBTでは，ブランクスクリーンとなって転移を扱うというやり方を採用せず，積極的に関わる。とりわけ子どもに対しては，発達促進対象（developmental object）としての，セラピストの「プレゼンス（存在感，物腰，態度）」が重要になる。セラピストの個性は，認識的信頼を築くための手段となる。その中心的特徴には，自分らしくあること，良い悪いで判断しないこと，嘘のないこと，受容的で共感的であること，がある。そして，子どもに関心を持ち，好意的で，互恵的に関わるのである。それゆえ，治療者の生の感情が揺さぶられることもあるが，生の人間としてビビッドな感覚を見つめ，抱え，支援に活かしていくのである。臨床家がメンタライジングし続けられるように自分を大切にすることが強調される（『MBT-C ガイド』pp. 100-105）。また，スーパービジョンや，組織のメンタライジング環境が重要になる。

　そのようにして，積極的に象徴化（遊び）にいざない（ときには身体運動にもいざない），たくさん動いた心を，カタチにし，コトバに落としこむ。つまり，セラピストの中で動いた心を，クライエントに役立つように使っていくのである。

> 「大事なことは，純粋で，非審判的で，共感的で，あるレベルの自己開示を心地よく思う大人と一緒にいることから，子どもが得る実感である。」（『MBT-C ガイド』p. 85）

2．治療構造を適切なものにすること

　治療技法とは，クライエントとの言語的，非言語的な関わり方やアセスメントの質のことだと限定的にとらえられることが多い。それらをどのように構造化して，構造を活用しながら進めていくことの重要性は軽視されがちで

ある。だが，理にかなった目標とそれを達成するための方法を明確にし，合意して支援を進めることは，効果を高めることに役立つ。

MBTの領域として，全般的領域と主要素領域という2つがある。このセクションでは，この全般的領域を説明する。全般的領域は，セッション構造と全体を貫く「無知の姿勢」がある。まずは，時間制限式MBT-Cの具体的構造にふれる。

1）時間制限式 MBT-C（Midgley et al., 2017）の具体的構造

時間制限式MBT-Cは，アセスメントセッションの後，週1回のセッションを12回行う。この12回を1ブロックと呼び，最大でも3ブロックまでとする。子どものセッションと並行して親とのセッションを行う。対象は，特定の問題・診断を越えた，内在化性障害，外在化性障害をもつものであるが，重度の外在化性問題，神経発達症，崩壊家族の場合には慎重に検討する必要がある。

アセスメント段階に3〜4セッションをかけ，ケースフォーミュレーション（焦点定式化）を行う。それを踏まえて12セッションが行われるが，中期の終わり，第8セッションの後に振り返り面接を行い，そこまでの成果を検討し，終結に向けての準備を計画する。追加のブロックが必要であると判断されれば，それを視野に入れた支援を計画する。終結後，3〜12カ月後にはフォローアップセッションや追加支援セッションが行われる（子どもに，その時間感覚をわかりやすく伝えるためにカレンダーが用いられることが一般的である）。

焦点定式化の詳細は第3章に譲るが，子どもが呈している問題をメンタライジングの観点から理解し，それを子どもや家族と共有することは大変有効

表2.1　MBT-C のセッション構造

	アセスメント（3〜4セッション）
セッション 1—3	初期
セッション 4—8	中期
（セッション 8 の後）	振り返り面接
セッション 9—12	終期
（終結後 3〜12 カ月後）	フォローアップ，追加支援セッション

である。親は，ほとんどの場合，子どもを理解して，問題が改善していくことを願って来談するため，理解の視点を提供することは，親のニードを充たし，ガイドを果たすものとなる。また，改善すべき問題の「焦点」や「中核」を絞ることで，変化が見えやすくなる。それらは作業への動機を高める。それが家族全体に及ぼす影響の意義は言うまでもない。また，親子での合意は起点となり，行き詰まりが生じたときに立ち戻る点となる。

2）無知の姿勢

　個々の技法の基盤に姿勢があり，それが支援全体を支えることになる。メンタライジングする姿勢において強調されるのが「無知の姿勢（not knowing stance）」である。知識がなくてよい，という意味ではない。最初に戻ると，メンタライジングとは，行動や言葉の背後にある心的状態について「推測すること」である。心は目に見えないものである。そのため「虚心に問う」こと，「他者についての理解は簡単に把握できるプロセスではないと想定することから始める」（『MBT-C ガイド』p. 91）ことが基本姿勢になるのである。

　私はこの姿勢を土居（1991）の姿勢と比較したくなる。土居は面接における「わかる」こと，そして「わからない」ことに気づくことの意義を強調した。「『わからない，不思議だ，ここには何かあるにちがいない』という感覚は，もともと理解力の乏しい人には生じない」（p. 29）という土居の指摘は鋭い。MBTの無知の姿勢も同根の本質を論じていると考える。「わかる」ために安易にわからない，という立ち位置を取るのである。近年注目されるネガティブ・ケイパビリティともつながるであろう。それは冷たい懐疑主義とは異なる。

　面白いことに，「よくわからない」ことを体験するときの日本語の「オカシイ」という言葉は，話のつじつまの合わなさ（英語で言えば，strange，weird，ridiculousといった感覚）だけでなく，興味を惹かれ，おもしろい，楽しい（interesting，funny）といった語感も含んでいる。この両義性の感覚は，無知の姿勢の臨床感覚をよく伝えるものではなかろうか。好奇心に支えられることは相手を理解しようとする動機を強める一方，率直な問いを言いやすくする（後述するが，それが「チャレンジ」となる）。

このように，メンタライジングする姿勢は能動的である。"inquisitive"
という形容詞が用いられることもある（Bateman & Fonagy, 2016）。「あれ
これ聞く」という意味もある。だが，関心の方向は行動や事実の背後にある
（志向的な）心理状態である。

これらの姿勢は，受容や共感が強調される日本においては難しいかもしれ
ない。質問したり，「わからない」と言うことは失礼で，ショックを与える
と考える臨床家も少なくない。また，繊細で，察しの良い臨床家が，子ども
の反応を自動的にメンタライズして，うまく関係を作ることもある。親切で
保護的な支援者が，クライエントに配慮して，先走って理解することもある。
それ自体は素晴らしい特質だが，早わかりしないことや，心配しすぎないこ
とも重要である。その理解が正しかったとしても，子どもが言語化するよう
働きかけねばならない。いわんや，自分の「誤解に気づく」ことは非常に重
要である。時には先に自分が責任を認めて謝る必要もある。その亀裂と修
復が治療プロセスを作る（Schore, 1994；Safran, Muran, & Eubanks-Carter,
2011）。

思春期・青年期と作業する際には，メンタライジングする姿勢は本質的に
「ケアとコンパッションの態度」だとRossouw（2021, p. 45）は指摘する。「温
かさと敬意を示し，真の関心を伝える」こと，「彼ら自身，彼らの生活，彼
らが感じていることへの好奇心」が重視される。自傷をする若者は，自分を
非人間的に扱っていると言える。そのため，「セラピーで彼らとのやり取り
する際は人間らしさを具現化する必要がある」のだ。

3. 治療の中でメンタライズすること

1）MBT の主要素領域

いわゆる治療技法論である。このセクションでは，MBTの領域における
主要素領域を説明する。主要素領域には4つがある。①メンタライジングプ
ロセス，②非メンタライジングモードへの取り組み，③感情の語りのメンタ
ライジング，④関係のメンタライジングである。

これらはメンタライジングをする個人の安全感と深く関わっており，2つ
のサイクルをなしている（図2.1 参照）。繰り返しになるが，メンタライジン

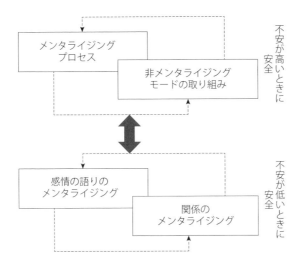

図 2.1 セラピストの介入領域間の関係
（Bateman & Fonagy, 2019 を元に作成）

グは覚醒度がほどよい水準にある時に可能となる。そのためクライエントの
覚醒水準に適した介入が求められるのである。上のサイクルは不安が高いと
きの作業で，下のサイクルは安全感が確保されたときの作業である。不安が
高く安全感が乏しいときは非メンタライジングモードに陥りやすく，メンタ
ライジングモードを作り出すこと，あるいはメンタライジングモードに戻す
ことが主な作業となる。それが軌道に乗り，不安が低くなってくると感情の
語りのメンタライジング，さらには関係のメンタライジングに取り組む。

　メンタライジングの介入は①支持的・共感的関わり，②明確化，精緻化，
チャレンジ，③基本的メンタライジング，④関係のメンタライジングの 4 ス
テップと説明される。「①支持的・共感的関わり」と，「②明確化，精緻化，
チャレンジ」は不安が高いときに適切とされるメンタライジングの土台作り
のイメージである。

　一方，③，④の 2 つは不安が低いときに行うのがよい。「③基本的メンタ
ライジング」は，「その体験をどう感じるか」を探求することだが，出来事
を感情の伴った物語として構成する作業（感情の語りのメンタライジング）
へと発展していく。心理療法的作業の中心部分だと言える。「④関係のメン

タライジング」は，臨床家との間で起こっていることをメンタライズしようとするものである。関係が近くなるほど，特に愛着不安定型の人は不安が喚起されるため，その検討は，情動的負荷の高い，複雑な作業になる。十分に安全な状況で行うことが必要である。

　メンタライジングが進まないとき，途切れたときには，安心感を取り戻すために①や②に戻る。そのようなとき，「止める，聞く，見る」の介入が用いられる。少しペースを落とし，話の内容を分解して，主語や目的語を明確にする，要するに明確化し，話を細かく描き出す。

　そのような試みを通して，話を立て直していく。あるいは，「止める，巻き戻す，探索する」の介入では，メンタライジングが止まった時点を探して，そこに戻って，何が起こったのかを探っていこうとする。

　出来事の中でクライエントが体験した感情に共感し，妥当なものだと認めることは，メンタライジングプロセスを支える。これを共感的承認（empathic validation）と呼ぶ。心的等価モードへの介入としても有効である。一方，チャレンジは疑問を呈するということである。許容範囲内でのチャレンジは（特にプリテンド・モードへの対応としても）有効である。

　そのような作業を通してメンタライジングが回復してくると下のサイクルに移行するのである。

　そのように説明すると，③や④に早く辿り着くのがよいような印象を与えるかもしれないが，①や②を丁寧に行うことはメンタライジングを促進するだけでなく，認識的信頼を構築するのに有益である。言語でのやり取りが中心となる思春期・青年期のクライエントに対しては，成人のMBTで開発された上記の介入ステップや技法は基本的に有効であろう。とりわけ，早いテンポで感覚的な言葉のやり取りをしがちな思春期・青年期の若者に対しては，テンポを落として丁寧にコミュニケートしていくこと，自動的メンタライジングを制御的なやり方で検討することが必要になる。言語での表現や説明が難しいことも普通であり，次に述べる児童期の遊びを用いた介入は参考になるだろう。その他，心理教育やメンタライジングを促進する活動／エクササイズも（特にグループでの介入においては）有効である（第6章を参照）。

2) 児童の場合

児童においては遊びを媒介とすることが一般的である。遊びは，ネガティブな感情を調整し，ストレスを軽減するだけでなく，ファンタジーを触発し，クリエイティビティを育み情動的体験を象徴化することを通して，メンタライジングの発達を刺激する（そもそも Fonagy（1991）は象徴化能力を総称して「メンタライズする能力」と言おうとした）。そのため，情動的体験を象徴化し，他者と交流できるようにするためのさまざまな道具や素材を準備しておく必要がある）。臨床家のクリエイティビティ次第で，さまざまなチャンネルや素材が象徴化の手段として用いられるのである。

良いメンタライジングが「物語になっていること」であることを覚えておられるだろう。子どもの遊び，とくにごっこ遊びが物語としてイキイキと展開することは，メンタライジングの働きを示すものである。臨床家は，児童の主導性を守り，育てながら，**遊びの物語（ナラティブ）を触発する**。すなわち，遊びを実況中継のように客観的に描写し，内容を刺激し，精緻化していく。そして，**遊びをメンタライズする**，すなわち遊びの内容を声に出してメンタライズし，登場人物の体験やその関係を推測する（第5章参照）。

ところで，児童の場合は，そのような遊びにすぐに入れない場合がある。メンタライジングの構成要素として，注意制御（attention control），感情調整（affect regulation），明示的メンタライジングがある。注意制御と感情調整は明示的メンタライジングの基盤であり，それらが適切に機能していないときには，それらを稼働させ，養うことから始めることが不可欠である。

注意制御とは，ひとつの事柄に一定の時間集中できるようにすることである。一方に注意を向けるためには，他方に向けるのを制限することも必要である。そのためには，①共同注意を作る（リズムをあわせて，「一緒にいる」感覚を作りだすとか），②身体的体験やシグナルに合わせる（波長合わせ，ミラーリング，随伴的協応），③今ここで生じていることに名前をつけて，注意を向けさせる，④行動とその外界への影響を結びつける，といったことが有効である。

一方，感情調整は，自分が体験する感情，とりわけネガティブな感情を抱えられることである。強い情動を落ち着かせる方法を見つけだすことも重要である。しかし，ガマンして黙っていることとは異なる。むしろ，適切な表

現のルートを見つけることを目指す。まずは，今ここにとどまり，気づき，関心を寄せ，ファンタジーや遊びを展開させて，その気持ちに何らかの名前をつけるのを助ける。メンタライジングを促進する活動，音楽，絵本，描画などで心理状態を表現したり，ぴったりくるものを探したりすることも有益である。ごっこ遊びの中では，感情を言語的にも非言語的にも大まじめに扱う。子どもがどれくらい扱えるかによって，子ども自身のことを直接伝えることもあれば，一般的なこととして伝えることもあれば，登場人物の話として話すこともある。

さらに，さまざまな感情を表すシンボル，音楽，イメージなどを探したり，作ったりすることもできよう。そのようにして，情動状態に名前をつける作業を，構造的な活動として，あるいは遊びのなかで適切なタイミングで扱う。また，激しい情動が喚起される「引き金」となる出来事を見つけ出すことも大変有益である（後述）。

このように子どものためのMBTでは，黙示的なものを明示的にしていくプロセスが積極的に展開されるが，いつでも言葉にしなければならないわけではない。多様な象徴化があってよい。だが，養育者や支援者は黙示的なものを見過ごさないで，明示的にしていく努力が求められるだろう（自分につぶやくことも含めて）。

3) 非メンタライジングモードに取り組む

不安になるなど情動が高まるとメンタライジングが途絶する。どういうところでその途絶が起こるのかを見極めることは大変重要である。「止め」て，支持的・共感的になり，「巻き戻し」，どこでそれが生じたのか「探索する」。そして，メンタライジングできなかったことをメンタライジングし直す。情動水準の高まりを調整する必要がある。

個人に特有の非メンタライジングモード（第1章参照）の扱いは重要な課題となる。

心的等価の表れとしては，きわめて頑なな考えに基づき，他者の見方を受け入れず，遊びが敵意に満ちている状況がある。目的論的モードでは，思いは具体的な行動で表現されるはずだと期待し，「先生が心配してくれているなら，～してもらえませんか？」といった要望を受けたりする。プリテン

ド・モードは，感情が切り離され，長たらしく，理屈っぽく，もっともらしいが，よくわからない説明といった形で表れる。

『MBT-Cガイド』（Midgley et al., 2017）では，強烈な体験で圧倒されたり，傷ついたりしたときに，それを避けるために誇大的な空想を語るというプリテンド・モードの例を紹介している。セラピストは，プリテンド・モードを迂回し，遊び心を交えて話を誇張し，子どもが少し空想から離れたときに，現実で体験しただろうことをコメントして，子どもが自分の感情に触れるのを助けた（ただし，治療同盟がしっかりしている場合に有効であるという注釈がある。また，共感的承認は，現実に触れられるようになってからだという注釈もある）。

思春期・青年期の例で，「勉強しないといけないんです！」と，切羽詰まって説明するのに対して，セラピストがなにかアドバイスするが何も実行されないことが繰り返される場合がある。その場合，「勉強しなければ！」は一見もっともらしい考えだが，不安に圧倒されるのを回避するためのプリテンド・モードの言葉であったりする。そのため，空疎なやり取りを「迂回」して，具体的な不安に近づいていく必要があるだろう。「もっともらしい」言い分の背後にある不安を十分理解していくことが大切なのである。

自傷行為は若者の臨床における重要トピックであるが，第1章でふれたように，ストレスに対して非メンタライジングモードに陥りやすくなることが慢性化していると考えられる。したがって，基本的メンタライジング過程を支える支持的，共感的関わりによって認識的信頼を構築していくことが何より重要となる。ペースを落として，丁寧に感情の流れを振り返り，喪失していたメンタライジングを回復させていくことは，常にヨソモノ自己との戦いである（Rossouw, 2012, 2021）（詳細は第8章を参照していただきたい）。

愛着トラウマは非メンタライジングモードに陥りやすくさせる重要な要因の一つであるが，安定した関係の中で，感情をゆっくりと形にしていき，ナラティブにしていくことで，自己全体の歴史に統合していく機会になる（『MBT-Cガイド』p. 169）。過去の出来事を「掘る」こと以上に，メンタライジングを通して安定した関係を作り上げることの重要性を強調したい。

4. 支援者たちのメンタライズを維持し，高めること

1) 親との面接

　時間制限式MBT-Cにおいては，インテーク時の家族合同セッションの後，親も継続的に，親担当のセラピストがいれば並行面接の形式で，子どもの治療を援助する。メンタライジングによる親の支援は，親への指導でも親の治療でもない。現在生じている問題をメンタライジングの視点から理解し，子どもをよりメンタライズできるようになること，要するに親としての省察機能の向上である。その途中で，幼児期のトラウマ的体験を想起して，それに取り組むこともあるかもしれないが，この面接は親の省察機能を支えるところにある。

　メンタライジングは心理教育的に伝えられる部分もあるが，主に体験的に習得していくものでもある。インテーク時から，セラピストはメンタライジングする姿勢を実演する。たとえば，家族がどうして支援を求めるようになったのかについて家族のそれぞれの視点を認めながら共有された見解を見出そうとする。また，家族メンバーの紹介にしても，他のメンバーにしてもらうことで，他の人にはどう見えるかを体験する機会を提供する。

　2〜3回のアセスメントセッションで，問題の経緯だけでなく，親・養育者のメンタライジング能力をとらえようとする。子どものアセスメントと合わせて，焦点定式化へと集約される。

　その後，それぞれの面接において，焦点定式化を踏まえた目標に向けて，さまざまな検討が重ねられる。注意すべきことのひとつは，「望ましくない子育て」だと思われることでも，その経緯を理解して，妥当性を承認することである。それによって親・養育者が理解されたと感じ，認識的信頼を培う。また，親・養育者のメンタライジングが稼働するように働きかけることである。それによって，セラピストからの指示を期待し，それを実行するという目的論的モードに陥ることを免れる。また，メンタライジングが難しくなる「ホット・スポット」を見つけることも重要である。子どもとのトラブルは「いつものこと」だととらえてしまいがちで，具体的な経緯をこぼしがちである。そのため，やりとりを時系列化，微視的分析して，詳細に振り返ることは，別の視点をもたらすことに貢献し，有益である（第10章参照）。

　このような時間制限式治療は日本ではまれである。だが日本での通常の形式に，メンタライジングアプローチをさまざまに導入することは可能で，有益だろう。何より，親面接の役割をメンタライジングの向上に明確化することであろう。また，焦点定式化を適切に行うことも有益である。改善ポイントを絞ることで，成長途上の子どもや家族の力を引き出し，変化が起こりやすくなるであろう。少なくとも，漫然と長期化する治療の多くは，定式化や目標設定が漠然としている。この点への反省はあってよいだろう。

　親・養育者は「子どものことをわかりたい」と思って来談する。メンタライジングアプローチはその親の求めを満たし，親の自発性を高めることを支援しやすいということを指摘しておこう。ただし，家族でのやり取りは愛情深い一方で激しいものにもなりやすく，家族内での交流ほどメンタライジングを失いやすい状況もない（Fonagy & Allison, 2012）。このことは，親が子どもを理解しようとするときに最初に知るべきことだろうと思われる。

　なお，子どもとの並行という形ではなく，省察的養育プログラム（Reflective Parenting Program, Slade, 2006），家族全体への介入であるMBT-F（MBT for families）（Keaveny et al., 2012），境界性パーソナリティ障害（BPD）を持った親の省察的養育プログラムであるMBT-P（MBT for parents）（Nijissens et al., 2012），BPD患者の家族のための心理教育プログラムであるFACTS（Families and Carers Training and Support Programme）（Bateman & Fonagy, 2016）といったものが開発されている。ここでは詳細を割愛するが，子育て世代の親のニードはさまざまであり，それらをカバーするプログラム開発が待たれている状況だと言えよう。

2）組織，コミュニティのメンタライジング

　治療的変化を効果的なものにしていくためには，その支援が行われている組織全体，コミュニティ全体がメンタライズする環境になっていくことが理想的である。ひとつは，この場合，子ども，若者のため。もうひとつは支援者，臨床家のためである。

　子ども，若者は，その引き起こす問題のために厄介者だと見なされがちだが，逆に彼らをそのような存在だと見なして関わることで，彼らを追い詰めることにもなる。行動の背後にある心理状態を理解する環境があれば，彼ら

にとっていやすい環境になることだろう。Twemlow ら（2012）は荒れた学校を，メンタライジングする環境にしていくことで建て直した。一方，臨床的な組織であっても，職種が異なり，役割が異なるために，子どもの見方が異なり，職種間の対立を生むことが少なくない。どちらが正しいかということではなく，その違いに着目し，そしてそれをメンタライズする。「つなぐ対話」を通して対処し，より効果的に機能するために取り組める課題を見つける AMBIT（メンタライゼーションに基づく適応的統合治療：Adaptive Mentalization-based Integrative Treatment）（Bevington et al., 2012）という方法も考案され，実践されている。

　組織全体がそこにいる人々のことをメンタライズして，理解していくことは容易ではない。だが，メンタライジングが，職種を超えた共通言語として用いられることで，子どもだけでなく，専門家同士の議論がしやすくなると期待される。

　臨床家がメンタライジングできるために自分を大切にするよう教えられるということはすでに述べた。個人面接であっても，組織内の臨床家が感情状態を理解し合い，支え合うことは，セラピーの成功に大きく影響を与える要因になるだろう。

　本章の最後に，MBT におけるスーパービジョンの方法，協同思考法（Thinking Together）（Bevington & Fuggle, 2012）を紹介する。これは臨床家のメンタライジングを回復することを目的とした比較的短い時間で行うものである。1 対 1 でもできるし，数名のグループでもできる。4 段階がある。

　①課題をマークする：何を得たいかを明確にする。②ケースの紹介：細々した背景情報は省略し，基本的骨組みと問題となっている部分を説明する。③その瞬間のメンタライジング：その瞬間の子ども，セラピスト，その関係について，正しい答えを見つけるのではなく，メンタライジングを試みて，見方を広げる。④目的に立ち返る：得たかったことについて，どのようなことが得られたかを明確にする。メンタライジングを取り戻し，柔軟に展開していくことを目指す。

　このような方法はあまり手間がかからず，やりやすく，臨床家のメンタライジングを回復するのを助けるだけでなく，スーパーバイザーや同僚，ひいては職場全体のメンタライズする風土を育てることに貢献する。

Ⅲ. 本章のまとめ

　子どものMBTを効果的に行うために，発達を考慮すること，治療構造を適切に活用すること，治療プロセスの中でメンタライジングを扱うこと，支援者のメンタライジングを助けることについて論じた。

　メンタライジングプロセスを促進しようとすることはすぐにも可能であろう。形式については，その現場のニーズに応じたものを徐々に整えていくのがよいだろう。

　臨床家が目指すのは，クライエントのメンタライジングを高めることであり，セラピストがメンタライジングを代わりにしてあげたり，良いメンタライジングを誇示したりすることではない。親に対して，子どもの気持ちを通訳することは非常に重要なことだが，治療としては，親自身がメンタライジングできるようになることを目標にすべきである。

　基本的な理論と方法を身につけることで，MBTの臨床実践を理解し，他の人に伝えて協働できるようになることが期待されている。

文　献

Bateman, A. & Fonagy, P., （2016）Mentalizing and families: the Families and Carers Training and Support program (FACTS). In A. Bateman & P. Fonagy. *Mentalization-based treatment for personality disorders: A practical guide* (pp. 415-433). Oxford University Press.

Badoud, D., Rüfenacht, E., Debbané, M., & Perroud, N.（2018）Mentalization-based treatment for adults with attention-deficit/hyperactivity disorder: a pilot study. *Research in Psychotherapy: Psychopathology, Process and Outcome, 21*, 149-154.

Bevington, D & Fuggle, P.（2012）Supporting and enhancing mentalization in community outreach teams working with hard-to-reach youth: The AMBIT approach. In N. Midgley & I. Vrouva. (Eds.). *Minding the child: Mentalization-based interventions with children, young people and their families* (pp. 163-186). Routledge.

土居健郎（1992）新訂 方法としての面接——臨床家のために．医学書院.

Fonagy, P. & Allison, E.（2012）What is mentalization? The concept and its foundations in developmental research. In N. Midgley & I. Vrouva. (Eds.). *Minding the child: Mentalization-based interventions with children, young people and their families* (pp. 11-34). Routledge.

Keaveny, E., Midgley, N., Asen, E., Bevington, D., Fearon, P., Fonagy, P., Jennings-Hobbs, R., & Wood, S.（2012）Minding the family mind: The development and initial evaluation of mentalization-based treatment for families. In N. Midgley & I. Vrouva. (Eds.). *Minding the child: Mentalization-based interventions with children, young people and their families* (pp. 98-112). Routledge.

Malberg, N. T.（2021）Working with autistic children and their families from a Mentalization

Based Therapy for Children (MBT-C) approach. *Psychoanalytic Perspectives, 18*: 1, 22-42.

Midgley, N., Ensink, K., Lindqvist, K., Malberg, N., & Muller, N.,（2017）*Mentalization-based treatment for children: A time-limited approach.* American Psychological Association. 上地雄一郎・西村馨監訳, 石谷真一・菊池裕義・渡部京太訳（2021）メンタライジングによる子どもと親への支援――時間制限式MBT-Cのガイド. 北大路書房.

Nijssens, L., Luyten, P., Bales, D. L.（2012）Mentalization-based treatment for parents (MBT-P) with borderline personality disorder and their infants. In N. Midgley & I. Vrouva. (Eds.). *Minding the child: Mentalization-based interventions with children, young people and their families* (pp. 79-97). Routledge.

Rossouw, T.（2012）Self-harm in young people: Is MBT the answer? In N. Midgley & I. Vrouva. (Eds.). *Minding the child: Mentalization-based interventions with children, young people and their families* (pp. 131-144). Routledge.

Rossouw T（2021）MBT technique when working with young people. In T. Rossouw, M. Wiwe, & I. Vrouva (Eds.). *Mentalization-based treatment for adolescents: A practical guide* (pp. 43-56). Routledge.

Safran, J. D., Muran, J. C., & Eubanks-Carter, C.（2011）Repairing alliance ruptures. *Psychotherapy, 48*, 80-87.

Schore, A. N.（1994）*Affect regulation and the origin of the self.* Mahwah, NJ: Erlbaum.

Slade, A.（2006）Reflective parenting programs: Theory and development. *Psychoanalytic Inquiry, 26*(4), 640–657.

Twemlow, S. W., Fonagy, P., & Sacco, F.（2012）A developmental approach to mentalizing communities through the Peaceful Schools experiment. In N. Midgley & I. Vrouva. (Eds.). *Minding the child: Mentalization-based interventions with children, young people and their families* (pp. 187-201). Routledge.

Winnicott, D. W.（1964）*The child, the family, and the outside world.* Penguin Books.

第**3**章

MBTのアセスメント

石谷真一

Ⅰ. はじめに――アセスメントに表れる MBT の特質

　本書では児童期・思春期の子どもを対象としたMBT-CやMBT-Aを概説した前章に続き，MBTのアセスメントのみに1章を充てている。その理由を筆者は次のように考えている。MBTは既存の心理療法と多くの共通点を持つが，Fonagy（2016）が述べているようにMBTとは何と言ってもクライエントとセラピストの共同作業なのであり，それが最もよく表れているのがアセスメントである。それゆえMBTのアセスメントを理解することはMBTの本質を理解することにつながると筆者は考える。

　前章にあったようにMBT-CやMBT-Aは親子並行治療を基本とする。その形態は日本で広く行われている親子並行治療と似ている。さらに治療的姿勢の中核要素の中でも，セラピストの治療的存在感は，来談者中心療法の理念に馴染んだ臨床家には無理なく受け入れられるだろう。しかしMBTのアセスメントについては強い異質感を覚え，これまで行ってきた親子並行治療との差異に当惑する臨床家もいるのではないだろうか。後述するように，MBT-Cでは前後の親子合同面接を含めて4，5回のアセスメント面接を行う。たった1回の親子別々の受理面接のみで，期限を定めないセラピーを始める日本の平均的親子並行治療からすると，なぜ何度もアセスメント面接が必要なのか，さらに親子合同の面接でそれぞれの守秘義務の扱いはどうするのかなど，容易には受け入れられない声が聞こえてきそうな気がする。しかしこうした臨床家の異質感や当惑から目を背けず，それこそしっかりとメン

タライズしてこそ，子どもを対象とするMBTの真の理解につながると考える。筆者自身，精神分析的な子どもの心理療法，そして子どもを対象としたMBTに触れ，それを自分の臨床の中に生かそうとする中で，外的にも内的にも様々な葛藤に直面し，今なお格闘している。その中で感じ考えていることを少し述べてみたい。後述するMBTのアセスメントを知的に理解するだけでなく，従来の親子並行治療との違いを実感を伴って感じていただく助けになればと思う。

　アセスメントと言えば，クライエントに心理検査や発達検査を行うことであり，事例の定式化に役立ちこそすれ，セラピーで取り組む作業にどのようにつなげるかまで考えることは少ないのではないかと思う。さらに，定式化をクライエントと共有し，セラピーで取り組むべきテーマや課題について話し合い，セラピーの目標に合意してセラピーの継続を決定するまで行うことは少ないだろう。MBTのアセスメントとはこれらすべてを含むプロセスである。日本の親子並行治療は多くの場合，事例の定式化やセラピーのテーマや目標について考えるのはセラピストの仕事であり，セラピストはクライエントについての漠然とした定式化を心に持ちつつもクライエントにはあまり開示せず，セラピーという作業に果たすクライエントの役割についても触れぬまま，セラピーを継続する言葉上の同意だけを得て，セラピーを開始することが多いのではなかろうか。対照的にMBT-Cのアセスメントとは，セラピストとクライエントの二人がセラピーという共同作業で取り組むべきテーマと目標について話し合って確認し，合意を作り上げるプロセスである。その前提に，セラピストとクライエントは対称的ではないが対等な主体を持った存在であり，セラピーとは二人が取り組む共同作業であるという理念がある。対して日本では，専門の援助者という権威の施す援助を，口を挟まずありがたく受け入れることが被援助者のあるべき姿であり，援助者は被援助者の協力の有無にかかわらず適切な援助を遂行する能力を持ちその責任を負うといった，権威に基づく依存関係を理想とするところが今なお強く，セラピストもクライエントもこうした布置に縛られやすいように筆者には思える。先に述べたMBTのアセスメントに対する異質感は，日本の臨床家がセラピー関係の前提として暗黙の裡に受け入れている上記の想定を揺るがされるところから生じているのではなかろうか。このような援助者・被援助者と

いう立ち位置に留まる限り，セラピストはクライエントの心と交わり，交わる中でクライエントの不安や苦悩を理解し受け止めることから遠ざかってしまいかねない。悪くすればセラピーは役割演技，すなわちプリテンド・モードに陥ってしまう。MBTのアセスメントを頭で理解し体よく取り入れるのでなく，身体に根ざした実感のレベルで違和感を含めてそのインパクトを体験することから，セラピーとはどのような営みであるかを再考することができるし，そうしなければならないのだろう。

II．MBT のアセスメントの目的と構造，セラピストの基本的姿勢

　MBTではメンタライジングを育む，あるいは回復することが全般的な目標である。また児童・思春期の子どものメンタライジング能力は発達途上であり，親・家族といった近しい関係が子どものメンタライジングの発達を促すか阻害するかに大きく影響する。そもそもMBTでは子どもの呈する問題を子どもの内側からのみ生じた個人的な問題ではなく，子どもにとっての重要な関係に根ざしていると考える。それゆえ親・家族自身が，子どもや自分自身に対するメンタライジングを回復し高めることは治療に不可欠な要素である。さらにMBT-CもMBT-Aも時間制限式のセラピーであって，子どもの呈する問題にセラピー終了後も親・家族が子どもと共に取り組んでいけるようエンパワーすることも大切な目標になる。そのためMBT-C及びMBT-Aのアセスメントでは，親子並行あるいは親子合同の面接を持つことで，子どもと同時に親・家族のメンタライジングを査定し，子どもおよび親子関係におけるメンタライジングの困難を特定し，介入の焦点を見定めようとする。

　MBT-Cのアセスメント・プロセスは後に詳述するが，初回の親子あるいは家族合同面接の後，子どもと親それぞれの個別面接を2，3回行ったうえで再度合同面接を実施し，セラピーを続けるかどうかを決定するというように構造化されている。そしてアセスメントには以下の3点が必ず含まれる。第1に，児童・思春期の子どものみならず，その親や家族のメンタライジン

グ能力を評価すること。第2に，メンタライジングの困難が，主訴である問題と如何に結びついているかについての暫定的な定式化を作ること。第3に，この定式化を子どもとその親・家族と共有し，セラピーの焦点と目標について話し合い合意に至ること，である。

アセスメント面接と言ってもセラピストはその後の治療にも共通するメンタライジング的姿勢で親子に臨む。メンタライジング姿勢とは次の4つの側面を含んでいる。①共感的・受容的で援助志向をもち，非審判的で応答的で自己一致したセラピストの存在感。②行動だけでなく心に対する関心。③好奇心に満ち，虚心に問いかけるという在り方。④誤解を自己観察すること，である。これらはアセスメントの大切な目標である治療関係の構築にとっても重要だが，セラピストはアセスメント面接の最初からメンタライジングを実践して示し，かつ子どもや親・家族のメンタライジングを刺激し促す意図がある。共同作業であるMBTはクライエントとセラピストの両者のメンタライジングが稼働中でなければ機能しない。そこで上記の4側面に加えMBTのセラピストは，クライエントのメンタライジングの途絶や回復，あるいはメンタライジングの偏りに絶えず注意を払い，クライエントのメンタライジングが維持されるよう柔軟に働きかける。クライエントの覚醒水準を注意深くモニターし，メンタライジングが途絶すれば回復できるよう情動の下方調整または上方調整を行い，メンタライジングに偏りが見られればバランスを取るべく働きかける。このようにセラピストは能動的にクライエントに関わり，クライエントのメンタライジングを積極的に触発・維持しようとするが，アセスメントの面接からそれを始めていくのである。

Ⅲ．メンタライジングのアセスメントの諸側面

1．メンタライジングの発達的アセスメント

児童・思春期の子どものメンタライジング能力は発達途上にあるので，メンタライジング能力の発達過程と年齢相応のメンタライジング能力についての一定の理解は不可欠である。同時にメンタライジングは強い情動的負荷の

かかる状況では途絶しやすいことを考慮しておくことも大切である。ある話題では年齢相応のメンタライジングができながら，別の話題になるとメンタライジングが途絶するといったことも想定される。前節でも触れたように，MBTではクライエントのメンタライジングが適切に稼働していることがセラピーの前提であり，メンタライジングが稼働し維持されるよう，様々な働きかけを行う。しかしクライエントが子どもの場合，メンタライジング能力には発達的な制約があるので，セラピストの働きかけはクライエントのメンタライジングの発達段階に合ったものでなければならない。そのためにもクライエントのメンタライジングの発達的評価は欠かせない。

　メンタライジングは神経生理学的な発達に基礎を置きつつも，養育者との関係における情動の相互調整の積み重ねを核とする関係発達の経験に大きく拠っている。そこで愛着理論や自己感の発達論など乳幼児の関係発達の理解に習熟し，メンタライジングの発達をこうした広義の発達理解とも無理なく結びつけられるようになっておくことが望まれる。児童・思春期のメンタライジングの発達については，子どもの省察機能の段階評価（Ensink et al., 2016）を参考にすると良い。省察機能とはメンタライジング能力を測定する際に用いられる概念であり，段階評価の基準が設けられてもいる。子どもの省察機能のレベルを表3.1に示す。児童期であれば，自分自身や他者，対人関係について，心理状態の面から基本的な理解を示すこと（表3.1のレベル4ないし5）が期待される。それに満たない場合やメンタライズすることの積極的な回避や攻撃的な拒否が見られる場合は，そうした反応がメンタライジングの全般的な発達不全から生じているのか，直面している困難な状況や愛着システムが過剰に喚起されたためメンタライジングが一時的に途絶したためなのか慎重に検討する必要がある。『MBT-Cガイド』ではメンタライジングの未発達と特定の困難と途絶の違いを表3.2のようにまとめている。

　さらにMBT-Cではアセスメントの際に，第2章で説明した①注意制御，②感情調整，そして③明示的（言葉による）メンタライジングの3要素を念頭に置くことを勧めている。メンタライジングは自分や他者の行動の背後にある心的状態に注意を向けることなので，瞬時の反応や行動を制御でき，感情の覚醒水準を一定の範囲内に保持し身体的行為によってかき消されないための感情調整の能力が必要である。また言葉によって心的状態を表象化する

表3.1 子どもの省察機能レベル
(Ensink, Bégin, Normandin & Fonagy, 2016 より改変)

レベル	記　述
-1	メンタライジングが積極的に回避されているか，メンタライズすることに対する攻撃的拒否がみられるような，奇妙でまとまりを欠く反応。 （例）「ママが怒ってるとき？　天使がつま先立ちで踊ってるよ。」
0	メンタライゼーションの不在。 （例）「わからないよ，とにかくそうなんだ。」
1	身体的または行動的で，心的でない特徴を用いた記述。 （例）「ママは，『自分の部屋に行きなさい』って言う。」
3	精緻とはいえないが，関係を記述するときに見られる心理状態への言及。 （例）「それは，好きだよ。楽しいから。」
4	埋められるべきギャップを残した心理状態への言及。 （例）「私が悲しい気持ちのとき，私のママは，ええと……慰めてくれる。」
5	やや単純ではあっても，確固とした心理状態理解を示す明確な記述。 （例）「ママが怒ると怒鳴るから，私は好きじゃないけど，ママは本気でそう言ってるんじゃないし，私にも少し悪いところがあるってことは，わかってる。」
7～9	次第に洗練されていく心理状態理解で，9点はめったに見られない心理状態理解を表す。 （例）「パパが怒ると，僕もまず怒って，それから後ろめたい気持ちになる。だって，パパがいっぱい助けてくれてることは，僕もわかってるから。僕が学校に本を忘れてくると，宿題やってしまうのにもっと時間かかるし，パパも疲れるし，パパも仕事があるし。」

（出典）『MBT-C ガイド』(p. 13)

には省察するための心の余裕がなければならない。メンタライジングが発達不全な場合，この3要素に何らかの発達不全がある可能性が高い。神経発達症や深刻なトラウマを抱える子どもは，メンタライジングの3要素に重い障害をもっていることが想定され，MBTの適用を慎重に考える必要はある。しかしこのような子どもたちにとってもメンタライジングを育むことは，併存障害を予防し，自己についてのより肯定的なナラティブを作り上げる助けになることを期待できる。

　一方，親の場合は，省察的養育姿勢（Cooper & Redfern, 2016）が良いメンタライジングのモデルになるだろう。省察的養育姿勢とは，子どもを自分

表3.2　発達不全のメンタライジングと特定のメンタライジングの困難と途絶

発達不全	困難と途絶
このような子どもたちは，メンタライジングにおける持続的な欠陥を抱えている。	このような子どもたちには，確立した基本的なメンタライジング能力を背景にして，情緒的または行動的な困難が生じる。
このような子どもたちは，自分がどのように反応しているか気づいていないか，感情を同定し，言葉で表現する能力が限られていることがある。彼／彼女らは，他者の感情と意図を考慮することや，他者の行動を理解することや，他者の反応を予測することに苦労する。	このような子どもたちは，根底にある感情や動機を理解するという観点から，自分の反応と他者の反応について考える年齢相応の能力を持っている。
このような子どもたちは，自己調整の困難を抱えており，自己の反応と他者の反応に気づくことに困難を覚えることがある。	このような子どもたちは，その年齢で期待されるレベルの自己調整ができ，自分自身と他者についての感情と考えを表出することができ，この知識を用いて対人的反応を理解することができる。このような能力は，苦痛を味わっているか，怒っているか，困難な経験や状況に圧倒されているときには失われることがある。
感情は身体的または行動的に実演されてしまい，このような子どもたちは，これについて省察し，その経験を言葉にする能力が乏しい。自分が何を感じているのかがわからないか，自分の行為が他者に与える影響に気づかないので，彼／彼女らは，自分の反応を和らげ，感情を抱えておくために明示的なメンタライジングを使用することができないままにとどまる。	このような子どもたちは，ある感情を表出することも，それについて考えることもできないか，矛盾する感情や「受け入れることができない」感情に苦労することがある。彼／彼女らは，打ちひしがれていたり，恐れていたり，怒っていたりするとメンタライズする能力を失うことがある。あるいは彼／彼女らは，安全な関係という条件下で自分の反応を詳しく述べるための支援を必要とすることがある。
このような子どもたちは，自己および自分の属性，能力，弱点について明確な実感をもっていない。他者は，しばしば現在の行動，実利，欲求不満の源か満足の源かという面から見られている。	このような子どもたちは，自己，自分のパーソナリティ，自分は誰なのかについての実感を有しており，他者を良い性質と悪い性質の両面から見ることができる。他者と適切に関わることができるが，ただし，いくつかの特定の脈絡では，あるいは特定の人に対しては，困難が生じることがある。

（出典）『MBT-C ガイド』（p. 33）

とは異なる心を持つ存在と見なし，子どもの顕在的な言動の背後にある感情や考えに注意を向け，それが親自身の感情や考えと異なった時でも，子どもの視点から子どもの感情や考えを理解し，子どもに共感を示せること。また自らの言動を，子どもがどのように感じ受け止めるだろうかという子どもの視点から捉え直すことで修正でき，自身の感情や思考を調整できること。さらに子どもが自他の思考や感情について理解し調整しようとする試みを支え促すことができる姿勢である。親のメンタライジング能力をアセスメントする際にも，親の省察機能レベル（表 3.3）（Ensink et al., 2016）が役に立つだろう。なお，メンタライジングの評価においては，メンタライジングの問題や困難に注目しやすいが，弱みばかりでなく強みも同等に評価することが大切である。

2. メンタライジングの諸モード

メンタライジングが未発達であったり途絶している場合，子どもがどのような心のモードで自分や他者，対人関係を捉えているかを知ることで，メンタライジングの困難と子どもが呈する心理行動上の問題を関係づけやすくなる。3 種類の非メンタライジングモードについては第 1 章で概説したが，アセスメント面接で，陥りやすい前メンタライジングモードを特定することが望まれる（注：前メンタライジングモードは非メンタライジングモードと同義である）。子どもが前メンタライジングモードに陥っている時，面接者自身にも表 3.4 のような典型的な情動反応が生じやすいことを知っていれば，それを活用することもできるだろう。

メンタライジングは安定した愛着関係の下で発達する能力であり，子どもが親や重要な他者との間にどのような愛着を形成・内在化しているかを合わせて検討すれば，子どもが陥りやすい前メンタライジングモードを同定しやすくなるだろう。回避型（軽視型）愛着の子どもなら，愛着欲求と依存を最小限にし否認するという非活性化方略を用いるので，心の苦境やそれから生じるはずの援助希求を過小評価し無いかの如く振舞うか，感情を切り離した過度に認知的で制御されたメンタライジングに留まることが予想される。それらはプリテンド・モードと共通するところが多いだろう。逆にアンビバレ

表3.3　親の省察機能レベル (Ensink, Bégin, Normandin, & Fonagy, 2016 より改変)

レベル	記　述
-1	メンタライジングが積極的に回避されているか，メンタライズすることに対する攻撃的拒否がみられるような，奇妙でまとまりを欠く反応。 (例) 親：「友だちと電話で話していると，彼女が駆け上がってきたり駆け下りたりして私を挑発するんです。彼女をおとなしくさせる唯一の方法は殴ることです。」
0	メンタライゼーションの不在。 (例) 親：「彼は，とにかく理由もないのにそうするんです。彼は，とにかくそうなんです。」
1	身体的または行動的で，心的でない特徴を用いた記述。 (例) 親：「彼は，とにかくぐるぐる回り続けます——決してやめません。」
3	精緻とはいえないが，関係を記述するときに見られる心理状態への言及。 (例) 親：「彼はいらだちやすくなります。」
4	埋められるべきギャップを残した心理状態への言及。 (例) 親：「一緒に試験の準備をしていて彼がだらだらすると，さらに時間がかかりそうだとわかります。私はとても腹が立つんです。」
5	やや単純ではあっても，確固とした心理状態理解を示す明確な記述。 (例) 親：「彼が——手袋とか本とか——あらゆるものをなくすので，私は腹が立つんです。そして，私たちが学校に到着して，彼はまた手袋を忘れてきていて，私たちはまた戻らないといけなくて，そうすると私が仕事に遅れそうだとわかって，キレちゃったんです。しかし，もっと責任をもって自分でやれるように彼を助ける方法を見出さないといけないし，怒鳴っても仕方がないことはわかっています。」
7〜9	次第に洗練されていく心理状態理解で，9点はめったに見られない心理状態理解を表す。 (例) 親：「彼に対してたびたび腹が立つわけじゃないんですが，ときどき彼がとても興奮して，たぶん友だちの前でいい格好したいからでしょうが，いつもとは違うふうに振る舞って，言うことを聞かなくなるんですが，そうすると私は自分が少し馬鹿みたいな気分になって不満を感じるんです。実際には友だちに尊敬されなくなる危険があることをしていて，友だちを不快な気持ちにさせていることが，彼にはわからないんです。彼の感情を傷つけずにこのことを説明するにはどうしたらいいのかわかりません。

(出典)『MBT-C ガイド』(p. 15)

表3.4 子どもの前メンタライジング的思考モードとセラピストの内的反応
（Midgely, N., et al., 2017 より一部改編）

前メンタライジング・モード	子どもに見られる行動	セラピストに生じる内的反応
心的等価モード （表裏逆転思考）	遊びは乱暴で，混沌としており，破壊的であることが多い。子どもは，まるでどんなことでも確実に知っているかのように振る舞う。	途方に暮れていると感じるか，混乱していると感じる。制御を課す方向に動きたい気持ちが自分の中にあることに気づく。
プリテンド・モード （「部屋の中のゾウ」）	遊びは堅苦しくて単調である。子どもは感情に触れていない。自己一致していないか，感情が乏しい。	退屈を覚え，自動操縦のように惰性的に動き始めるのを感じる。関係が遮断されていると感じるか，関われないと感じる。注意が散漫になり，違和感を断ち切ろうとしているのを感じる。
目的論的思考 （即時解決思考）	子どもは即座の解決を求める。子どもはあなたに今すぐ何かをするように求める。	何かしたいという強い願望が生じる。支配されていると感じるか，強い圧力を感じる。実際的な助言を与えるか，対処方略を教え始める。

（出典）『MBT-C ガイド』（p. 124）

ント型の子どもなら，愛着欲求は過剰活性され，他者の一挙手一投足に過敏
になって他者の感情や思考を誤解したり，他者を自身の欲求が満たされるよ
う操作するように振る舞うことが予想され，過剰で誤ったメンタライジング
に至り易い。これは心的等価や目的論的モードと共通するところが多いだろ
う。さらに虐待などの既往から無秩序型の愛着スタイルにある子どもならば，
情緒的ストレス下でメンタライジングの途絶が容易に生じ，過剰で破壊的に
不正確なメンタライジングに陥ることもまれではないだろう。

3. メンタライジングの4次元

第1章で説明したメンタライジングの4次元は，アセスメントの重要事項
である。メンタライジングの4次元とは，自動的（黙示的）−制御的（明示

的），自己−他者，外的−内的，そして感情的−認知的のそれぞれを両極とする独立した4つの次元である。アセスメントにおいては，そのバランスや偏りに着目する。一般に良いメンタライジングはどの次元も両極に偏り過ぎずにバランスの取れたあり方で表される。いずれかの次元でどちらかの極に偏り過ぎたメンタライジングは問題を孕んだメンタライジングであり，治療的介入の焦点と見なすことができる。さらに大切なポイントは，状況的文脈に応じてメンタライジングの各次元のバランスを柔軟に変化できるかどうかである。良いメンタライジングはバランスが取れているだけでなく，状況に応じてバランスを臨機応変に最適化できるものである。

4. 非メンタライジング的悪循環——システム論的アセスメント

先述したように子どもが呈する心理行動上の問題は子どもの内側からのみ生じる個人的な問題ではなく，親（家族）をはじめとする子どもにとって重要な関係に根ざしていると考える。そのため親子・家族の相互交流の中でメンタライジングがどのように推移するかを確かめることがとても重要である。一般にメンタライジング能力は親密な情緒的関わり合いにおいて齟齬や葛藤が生じた際には低下しやすい。メンタライジングの不全は伝染しやすいので，親子いずれかのメンタライジングの途絶は相手のメンタライジング能力に過度な負荷をかけ低下し，それが他方のメンタライジング能力をいっそう損なわせるという悪循環を生む（第1章図1.3 [p. 13] を参照）。こうした悪循環は親子の相互交流場面で露呈しやすい。そのためMBT-Cでは最初の親子合同面接において，親子の会話や共に取り組む作業を通して親子の愛着関係の質と共に，関係の中でメンタライズする際の強さと弱さ，メンタライジング能力の脆弱そうな領域の特定を行う。中でも，親が子どもにとって情緒的に役立つかどうか，子どもの内的体験に耳を傾け，想像することができるかどうかを評価することが不可欠である。これはボストン変化プロセス研究グループ（BCPSG, 2010）のいう「共にあるあり方（way of being together）」や「関係をめぐる暗黙の知（implicit relational knowing）」などとも関連の深い観点である。

Ⅳ．メンタライジングを測定するための方法

　MBTはエビデンスに基づく心理療法であり，治療への適用や治療効果を確かめるためにもメンタライジングを客観的に測定することが不可欠である。多様な検査や測定法が開発されているが，研究のために開発されたものを臨床場面で実際に適用するには，クライエントにかける負担等の面で難もあるだろう。以下に子どもや青年向けの代表的なメンタライジングの測定法のいくつかを紹介するが，それらを理解した上で柔軟に応用するのが実際の臨床には相応しいと考える。

　メンタライジングは，省察機能，心の理論，マインドフルネス，共感，心への志向性（mind-mindedness），あるいは社会的認知などと関連する要素をもった構成概念である。そこでメンタライジングの測定にこれらの測度を応用したものも多くみられる。またメンタライジングの発達と愛着形成とには相助作用（synergy）があることから，愛着パターンを把握するインタビューで得られたデータを活用する手法も開発されている。

　児童の感情理解を客観的に査定するために，Fonagyら（2000）によって感情課題検査（Affective Task）が開発されている。これは対人的文脈における感情理解を以下の5つの次元から捉えるもので，情緒的負荷のかかる日常の対人状況を絵にしたカードを用い，子どもに，絵の中の人物の感情を名づけさせ〈正確さ〉，なぜそのような感情を持つのかの説明やナラティブを求め〈正当さ〉，その感情はどのように変化するか，あるいは感情に対処する方略を尋ね〈衝撃〉，登場人物の内なる感情経験が外に表した感情とは異なる可能性とその理由を質問し〈内的／外的〉，最後に，登場人物に子どもが帰属させた感情とは異なる感情反応を，別の子どもなら帰属させることを考えたり想像できるか〈挑戦〉を尋ねるものである。

　愛着関係の文脈において子どものメンタライジングを測定するものに児童省察機能尺度がある（Ensink, 2003）。これは児童愛着面接（Target et al., 2000）を用いて子どもの省察機能を段階評定するものである。一般にメンタライジングの真価は，対人場面での葛藤や錯綜した行動といった困難な状況を説明しようとする際に問われる。そこで自分自身と，自分と母親，父親との関係を描写する3つの言葉のほかに，それぞれが怒ったり取り乱したり

する際や両親が言い争う場面についても尋ね，表3.1にあるように-1から9のレベルに評定する。

　より年長の子どもや青年のメンタライズ能力を測定するものに，青年メンタライジング・ストーリー課題がある（Vrouva & Fonagy, 2009）。これは主人公と他の登場人物との間に否定的なやり取りが生じる20の場面描写から成るが，それらの場面は青年が日常的に出会うもので，主人公は様々な感情が引き出され，続いて主人公は何かを言ったり行ったりするというものである。各描写を読んで，登場人物がどうしてそのように振舞ったのか，簡潔に答えるように求められるのが元の自由回答版で，その改訂版では回答を4つの選択肢から選ばせるようにしている。うち3つの誤答の選択肢は，主要な葛藤を理解し損ねた心理的でない理由，他者に向けられた不正確で過剰なメンタライジング，そして自分自身に向けられた不正確で過剰なメンタライジングから成る。

　子どもや思春期の青年に用いられるメンタライジングの査定法を紹介したが，より年少の子どもや幼児のメンタライジングを測定する方法は確立されてはいない。この年齢の子どもには遊びを介したメンタライジングの査定が期待される。なぜなら想像的な遊びは省察機能の先駆と見なされるからである。ナラティブ・ストーリー・ステム（Hodges, Steele, Hillman, Henderson, & Kaniuk, 2003）は，子どもが日常で遭遇する葛藤場面を人形を使って演じて見せ，その続きを子どもに作らせるというもので，広くストーリー・ステム法として知られる子どもの表象世界の査定法の一つである。ナラティブ・ストーリー・ステムは愛着表象の理解を主な目的としているが，メンタライジングの3要素である，注意制御，感情調整，明示的メンタライジングのいずれをも子どもの反応プロセスから読み取ることができる有望な方法と考える。

Ⅴ．子どものメンタライジングのアセスメントの構造とプロセス

1．初回面接（MBT-C を中心に）

　MBT-A も MBT-C もアセスメントは親（家族）と子ども（青年）両者に対して行われる。MBT-C ではアセスメント段階の最初と最後に親子合同面接を行う。最初の合同面接ではⅢ-4 で述べたように親子関係の中でのメンタライジングを評価し，子どもの呈する問題との関連を考える。親子合同面接と言うと，親が子どもの前で問題を一方的にセラピストに訴え子どもを責め詰問する場になってしまうことを心配する臨床家もいるかもしれない。もちろんそうならない配慮は必要で，そのため子どもの問題について話し合う前に遊戯的なやり方で自己（他己）紹介や親子共に取り組む活動を行い，警戒感や緊張感をほぐしながらセラピストも適宜入って参与観察を行う。その後に子どもの呈する問題についての親と子ども自身の見方や理解を傾聴する。その際，問題を過度に強調し原因探しや間違い探しをするのではなく，問題はそれぞれの立場からどのように見えるのかに関心があることをセラピストが伝え，問題の背景にある子どもの心情を尋ねたり，他の家族メンバーは子どもをどのように見ているかを尋ねる。このようにして，問題や困難の性質，それらが生じる状況，家族や他者に与える影響，これまでの家族の対処と受けた治療や支援について情報を得る。親子が共に取り組む作業，例えばスクィグルなどを通して，親は子どもの体験に関心を持ち，想像したり，情緒的なコミュニケーションを受け取ったり，子どもと共に何かを共同構成できるかどうかを観察することは，親子関係のメンタライジングを評価する機会になる。親子の共同作業は了承が取れればビデオ録画して次回の親面接で振り返ることもある。

　最後にメンタライジングと MBT について平易な言葉で述べ，今後のアセスメントについて説明する。日本でも誤解を招きやすいメンタライジングという言葉をどのように子どもや親に説明するか，自分なりのレパートリーをいくつか持っておくと良いだろう。セラピストが透明（クライエントからセラピストの心的過程が見通せること；上地（2015））であることも MBT セラピストにとって必須だが，アセスメントのプロセスや目的を明確にすること

で，親子がセラピーを一定程度理解し，受け身ではなく主体的にセラピーに参加することを促すのである。

2. 親子個別のアセスメント面接（MBT-C を中心に）

　MBT-Cでは初回の合同面接に続いて，子どもと親が個別の面接を2，3回行う。その目的は単に情報を得ることではなく，子どもと親それぞれと治療関係を築き作業同盟を形成することでもある。子どもの面接ではアセスメントの多くは遊戯的関わり合いの中で行われる。その際，セラピストは子どもに応じて，構造化された遊びや自由遊びを選択し，子どもが自己や他者についてメンタライズする機会を提供する。

　子どもの遊びを受容し波長を合わせながら，子どもの基本的な注意制御能力と自己調整能力をアセスメントすることが大切である。注意制御であれば，子どもは注意集中ができるか，セラピストの言うことに耳を傾けられるか，セラピストに対し過剰警戒的か，通常の感覚運動的調整能力を持っているか，などが注目点となろう。程よい養育を受けてきた子どもなら自分の内側で感じられたものに注意を払うことができるが，深刻な愛着トラウマを抱える子どもなどでは，自分の内側で生じていることに気づけなかったり関心を向けることが難しい。感情の自己調整なら，遊びや話し合いの中でどのような情動を示すか，どのような情動を認識したり知っているか，表現したり扱うのが難しい情動はあるか，そのような際はどのようになるか，セラピストの制限を受け入れたり，助けを求めたり助けを受け入れることができるか，などに着目する。苦痛で扱い難い感情を関係の中で調整される経験を持てなかった子どもは，感情を身体的に表現したり身体を使って行動化しやすい。メンタライジングの3要素の最後の一つ，明示的メンタライジングは，子どもが心理的な観点から遊びの中や現実の人物についてどのように語るかや，自分や親の描写の仕方に注目してアセスメントする。大切なのは，子どもが自己と他者について心理状態という観点から述べることができるかどうかである。児童期の子どもならこの能力をある程度備えていると期待できる。他方，子どものメンタライジングが一時的に途絶える状況を特定することも大切である。

　先述したように，前メンタライジングモードは遊戯的関わり合いを通しセ
ラピストの心に特定の反応を生じさせるので，陥りやすいモードを特定する
ことができるかもしれない。さらに関わりを通して子どもの愛着スタイルに
ついて何らかの印象を得ることもメンタライジングの特徴を知るのに役立つ
だろう。子どもとのアセスメント段階の最後に，セラピストは子どもと共に
セラピーに来ることで達成できそうな目標について合意を目指す。すなわち
セラピーの焦点表明を定式化する。

　親とのアセスメント面接では，上述した省察的養育姿勢という観点から親
のメンタライジング能力を評価する。ポイントは，親が子どもを独自の心を
もった存在として考えることができるかどうかと，子どもと自分自身の行動
を志向的心理状態の観点から見ることができるか，最後に子どもへの自分の
関わりが子どもの心にどのような影響を与えているかまたその逆についても
考えることができるかどうかである。特に，どのような時に親自身が怒りの
あまり自制を失い子どもにとって恐ろしいものになるかや，親はどのような
経緯で子どもとの関わりを回避したり，侵入的・支配的になったりするかは，
子どもとの非メンタライジング的悪循環を特定する上で重要である。場合に
よっては成人愛着面接や親発達面接の中の一部の質問を用いて，親の省察機
能レベルを推定することが役に立つだろう。

3.　最後のアセスメント面接（MBT-C を中心に）

　MBT-Cではアセスメント段階の最後のセッションを再び親子同席で行う。
ここでセラピストはアセスメントの結果を基に治療の焦点を定式化し，家族
と共有する。焦点定式化には子どもと家族のメンタライジングの強みと弱み，
メンタライジングの困難と問題との関連についての暫定的な理解，そして
MBT-Cが役立つかどうかに関するセラピストとしての意見が含まれる。重
要なのは焦点定式化を家族と共有することであり，それについて子どもや親
と話し合うことである。定式化は暫定的なものでセラピストの側からの提案
であって，子どもや親は定式化を訂正することもできる。したがって焦点定
式化は子どもや親に伝わる平易な言葉で簡潔な文章や短いストーリーの形で
述べられる。Stern（1985）が「鍵となるメタファー（key metaphor）」とい

う言葉を用いたように，セラピーで取り組むテーマとなりそうな事柄を比喩的に表現するのだ。この時，子どもがアセスメント面接で表現したものを取り入れて定式化を練ることが望ましい。なぜなら，セラピーが子どもに何を提供できるかを伝え，セラピーで何に取り組むかを子どもに意識させることができるからである。

　同時に親に対して焦点定式化は，子どもの中心的な経験・考え・感情に親の注意を向けさせ，親のメンタライジングを刺激する効果がある。さらにこれは，セラピストがクライエントである子どもや親をその心に留め，思いを巡らし，様々な観点から考えていること，すなわちメンタライズしていることを親子が実感する大切な機会でもある。特に子どもが認識的過剰警戒（注：認識的信頼が欠如し不信感が優勢な状態）にある場合，セラピストが定式化を通して個人的な考えを伝えることの意義は大きい。なぜなら，セラピストが子どもを，他の誰でもないまさにその人として心に留めていることを，子どもが実感できて初めて，その認識的過剰警戒を緩め，他者のそして自分自身の心に目を向けることができるようになるからだ。

　セラピーを始めるにあたってこのようなやり取りに馴染んでいない臨床家もいるであろう。しかし受理面接の中でクライエントの話から自分なりに理解したところを伝えて，セラピーで取り組む事柄や目指すところを共有する作業を行わない者はいないはずである。親子並行治療の場合，日本ではそれを親子別々に行うか親だけに行うことが多いように思うが，MBT-Cではそれを親子合同面接で行うと思えばよい。また焦点定式化のポイントは子どもが遊びの中で表現したり，語ったことをうまく取り入れることである。親子合同面接の場で表現したり語った事柄であれば守秘義務に反することもなく，何より親がすぐに了解できるだろう。『MBT-Cガイド』には，里親の下で育てられながら学校や家庭でトラブルの絶えない少年が，自分と里親家族を動物を使って紹介する場面で用いたチンパンジー（自分）とゴリラ（里父）から，ゴリラの家族と共に暮らすチンパンジーのストーリーをセラピストが焦点定式化として家族に伝える例が紹介されている。

　MBT-Cではセラピーの目標についても最後の合同面接で合意する。特異的な目標を設定することで中心的な問題に焦点を合わせることができ，セラピーへの動機づけや達成感を高めることが期待できる。焦点定式化とは異な

り，セラピーの目標はセラピーの進展や効果をセラピストと子ども・親双方が確認できるよう，明確で現実的なものであることが望ましいが，メンタライジングと情動調整の促進こそを重視するセラピーであるため，行動的・症候的な側面よりも関係的・感情調整的な側面で目標を設定することが推奨されている。

Midgleyらが別の著作の中で次のような焦点定式化の例を掲載している（Midgley, Muller, Malberg, Lindqvist & Ensink, 2019)。母親が自身の心理的問題から息子に手を挙げた過去があり，10歳の息子は母親を喜ばせようとしつつも緊張を解けず，学校でも友達とうまく遊べず，コンピューターの戦争ゲームに没頭し，将来の夢は兵士になることだと語る。注意制御や夜尿の問題もある少年である。ここでも子どもが語った事柄からセラピストは「君はどんな兵士になりたいのかな？」と尋ねる。「恐れも怒りも自分の中に何があるかを感じないでただ誰かに従う兵士だろうか？　それともつらい時でも自分の感情の助けを借りて安全を確保でき，自分自身や他の人に対しても本物の強さをもった兵士だろうか？」という問いで示された焦点定式化を少年は気に入り，セラピーの中で自分の身体感覚や感情とつながり，自分自身をよりよく理解できるようになる作業に取り組んだ。その結果，少年は自分と母親の間に起こったことを言葉にできるようになり，友達とも波長を合わせられるようになった。彼の自己価値感や自己評価感情も改善された。この例を通して，子どもの心に響く焦点定式化のもつ力を実感できるだろう。

4．MBT-Aのアセスメント面接の特徴

MBT-Aでは，アセスメントのために1回から数回の面接を行うが，合同面接は行わず，青年と家族各々とアセスメント面接がもたれる。治療における家族の重要性を決して軽視しているわけではない。家族のメンタライジング機能を高めるための家族との作業はMBT-Aでも不可欠の要素と見なされている。ただ，家族が取り組むべき作業は家族メンバーの関わり合いや家族機能が対象となるので，青年の個人面接とは別に設定されるのである。MBT-Cと同様，アセスメント自体はセラピストと青年・家族との共同作業として取り組まれ，アセスメント面接の終わりには，メンタライジングの観

点からの問題の定式化がセラピストより提示される。この定式化はセラピーで取り組む作業を取り決めるための話し合いのたたき台と見なされる。定式化も青年と親・家族各々について為され，個々の面接で話し合われる。

　MBT-Aの場合，自傷や自殺企図といった切迫した危機への対処が求められることが多いため，アセスメント面接では何らかの危機対応計画が，青年と家族それぞれに対して立てられるのが独自な点である。危機に対する安全策は，メンタライジングの観点から危機について考えることを目指すものであり，行為の引き金となる出来事やその際の感情に注意を向け，取り得るより安全な代替策を考える。青年自身にはスマホのアプリなども活用される。アセスメントと並んで心理教育が治療の初期段階に設定されている点もMBT-Cと異なる。MBT-Aでは青年と親双方に特別に時間をとってグループやワークショップの形でメンタライジングの心理教育をアセスメント段階に続いて行うことが治療プロセスに含まれている。心理教育によって治療の焦点と目的を明確にすることは，青年と親の治療への動機づけを維持し，治療を効率的に進めることに役立つと考えられている。

文　献

BCPSG [The Boston Change Process Study Group]. (2010) *Change in psychotherapy: A unifying paradigm.* W. W. Norton & Company, Inc. 丸田俊彦訳 (2011) 解釈を越えて——サイコセラピーにおける治療的変化プロセス. 岩崎学術出版社.

Cooper, A., & Redfern, S. (2016) *Reflective parenting: A guide to understanding what's going on in your child's mind.* New York, NY: Routledge.

Ensink, K., Begin, M., Normandin, L., & Fonagy, P. (2016) Maternal and child reflective functioning in the context of child sexual abuse: Pathways to depression and externalizing difficulties. *European Journal of Psychotraumatology, 7,* 30611. http://dx.doi.org/10.3402/ejpt.v7.30611

Ensink, K. (2003) *Assessing theory of mind, affective understanding and reflective functioning in primary school-aged children. Unpublished doctoral dissertation.* London: University College London.

Fonagy, P., Target, M., & Ensink, K. (2000) *The Affect task: Unpublished measure and coding manual.* London: Anna Freud Centre.

Hodges, J., Steele, M., Hillman, S., Henderson, K., & Kaniuk, J. (2003) Changes in attachment representations over the first year of adoptive placement: Narratives of maltreated children. *Journal of Clinical Child Psychology and psychiatry, 8,* 351-367.

上地雄一郎 (2015) メンタライジング・アプローチ入門——愛着理論を生かす心理療法. 北大路書房.

Midgley, N., & Vrouva, I. (Eds.) (2012) *Minding the child: Mentalization-based interventions with children, young people and their families.* Routledge.

Midgley, N., Ensink, K., Lindqvist, K., Malberg, N., & Muller, N.（2017）*Mentalization-based treatment for children: A time-limited approach.* American Psychological Association. 上地雄一郎・西村馨監訳（2021）メンタライジングによる子どもと親の支援――時間制限式MBT-Cのガイド. 北大路書房.

Midgley, N., Muller, N., Malberg, N., Lindqvist, K., & Ensink, E.（2019）Children. In: A. Bateman & P. Fonagy (Eds.). *Handbook of mentalizing in mental health practice.* (pp. 247-263). American Psychiatric Association Publishing.

Rossouw, T., Wine, M., & Vrouva, I. (Eds.)（2021）*Mentalization-based treatment for adolescents: A practical treatment guide.* Routledge.

Stern, D. N.（1985）*The interpersonal world of the infant: A view from psychoanalysis and developmental psychology.* New York: Basic Books. 小此木啓吾・丸田俊彦監訳（1989, 1991）乳児の対人世界 理論編・臨床編. 岩崎学術出版社.

Vrouva, I. & Fonagy, P.（2009）Minding the mind! The mentalization stories' test for adolescents. *Journal of the American Psychoanalytic Association, 57*(5), 1174-1179.

第Ⅱ部
実践編①子どもへの支援

第Ⅱ部は，子どもへの支援についての6つの章からなっている。領域も，医療（療育センター），福祉（児童相談所，児童養護施設），教育（高校，小学校特別支援教室，大学心理相談室）と多様で，年齢も未就学児から高校生までと幅広い。

第4章では，渡部が一般診療での児童へのメンタライジングアプローチを紹介している。言うまでもなく「一般診療における」というところがミソである。メンタライジングアプローチを日々の臨床にどう生かすことができるのか，児童精神科医にとって子どもと関わる際のポイントをメンタライジングならではの視点から論じている。

第5章では，菊池が児童相談所での児童との心理療法を紹介している。児童相談所という特有の構造において，そこだから生きるメンタライジングアプローチが，繊細な感受性と緻密な考察に基づいて，詳細に描かれている。

第6章では，那須・木村・西村が大学心理相談室での児童，思春期のグループセラピーの実践を報告している。グループは，メンタライジングの実験室として貴重な機会を提供する。仲間とのメンタライジングがトラウマ体験を癒す可能性について論じられる。

第7章では，若松が児童養護施設における職員と児童の間の愛着を育てる試みを報告している。児童養護施設において子どもの愛着を育てることは健全な発達に不可欠であるが，その方法論はなかなか打ち立てにくい。その意味でこの若松の報告は貴重であると言える。

第8章では，若井が，自傷を行う高校生とのスクールカウンセリングの実践報告を行っている。それはまさにMBT-Aの主要テーマであり，メンタライジングアプローチが有効性を示すところである。著者は実に繊細な介入を記述しており，良いモデルとなるだろう。

第9章では，田口が小学校特別支援教室での関わりにメンタライジングの考えと方法を導入した実践を報告している。これは日本独自の臨床群であり，「心の交流」が制限されている子どもとの豊かなやり取りに，メンタライジングの光の意義を感じさせられる。

こうしてみると，メンタライジングを生かす臨床というときに，新たに導入したものと，すでに行っていた実践の中にメンタライジングを見出し，それをとらえ直して再体制化したものがある。それらの臨床家のクリエイティビティと息遣いに触れていただけたら幸いである。

（西村　馨）

第**4**章

子どもの一般診療における
メンタライジング・アプローチ

渡部京太

1. はじめに

　私が最近まで勤務していた療育センターでは，神経発達症の子どもの診療がほとんどだった。私の診療の設定を表4.1に示した。不登校や暴力，そして不適切な養育といった具合のよくない患者に20分の枠を2週に1回提供するのがぎりぎりだった。私はこの20分の枠を，子どもと親の同席で面接するようにしている。これは，子どもの発言やしぐさに対する親の反応，親の発言に対する子どもの反応といった親子の交流を目の前で観察できるためである。こうした一般診療の他には，親子相互交流療法（PCIT），トラウマ焦点化認知行動療法（TF-CBT）といった構造化された治療プログラム，ペアレント・トレーニングやCARE（Child-Adult Relationship Enhancement）プログラムといった親への心理教育プログラムを提供することができる。また，緊急事態に対しては，看護師，ソーシャルワーカー，薬剤師が電話で用件を聞いたうえで，私が対応したり，私の対応策をスタッフを通じて伝えるということで凌いでいた。このような臨床の設定，さらにPCIT，そして親心理教育プログラムを行う時にもメンタライジング・アプローチはとても有効だと私は感じている。本稿では，私が行っている子どもの一般診療におけるメンタライジング・アプローチの実際，そして可能性について述べてみたい。

表 4.1　療育センターでの診療設定

1）初診：50 分
2）再診：2 週間隔で 20 分
3）治療プログラム：　①個人精神療法（プレイセラピーを含む）
　　　　　　　　　　②ソーシャルスキル・トレーニング
　　　　　　　　　　③親子相互交流療法（PCIT）
　　　　　　　　　　④トラウマ焦点化認知行動療法（TF-CBT）
　　　　　　　　　　⑤親への心理教育プログラム（ペアレント・トレーニング，
　　　　　　　　　　CARE プログラム，進学・就職へのガイダンスグループ）
4）緊急対応をしてくれるスタッフ：ソーシャルワーカー，看護師，薬剤師

Ⅱ．事例について

1．事例 1

A君　小学校高学年　自閉スペクトラム症（ASD），注意欠如・多動症（ADHD），反抗挑発症（ODD）

主訴：祖母を「どうしてあんな娘（＝Aの母親）を産んだのか？」と責める。祖母に責任を取れと言って，お金をせびり取ったり，欲しいものをしつこくねだる。

家族：母方祖母と曽祖母との 3 人暮らしだった。母親はうつ病で，Aを養育できなかった。Aが高学年になった時に母親は再婚し，一緒に暮らすようになった。

現病歴：Aは小学校低学年時に初診し，ASD，ADHD と診断され，衝動的な問題行動が多いため，薬物療法が行われてきた。高学年になって行動はおちついてきた。母親の再婚に伴い，Aは母親，継父と転居して暮らすようになった。私は紹介状を作成し，Aを送り出した。母親はAを嫌わないように継父に気を遣い，Aに細かいことを注意するようになった。このため，Aは母親に対してひどくいらだつようになり，母親はAを祖母の元に戻したのだった。Aは昼夜逆転でゲームをしていて不登校状態だった。

　Aが祖母の元に戻った再診時に，私が「母親と継父との生活はどうだった？」と尋ねると，Aはうらめしそうに「母親からは『勉強しなさい。

ゲームの時間は守る。言われたことをしないと，出て行ってもらう』と悪口ばかり言われた。ゲームを少なめにして，推理小説を読むようにしていたんだけど」と語った。祖母の家に戻ったＡは登校せずに，スマートフォンでお金を貯める方法や将来生活していくためにどのような職業についたらいいのかをずっと検索していた。祖母にはお金をせびり，さらにＡが好きな探偵マンガの主人公がしている眼鏡と腕時計，探偵セットを買ってもらっていた。祖母が外出すると，祖母がＡのことを相談しに行くのではないかと原付バイクの祖母を自転車でつけまわすようになった。さらに，買い物をすると強迫的にポイントを貯めるようになっていった。

　私は，Ａの衝動性に対して抗ADHD薬を投薬しながら，２週に１回20分の面接を行うことにした。Ａは「僕が祖母に怒ると，医者は決まって薬を増やす。でもな，抗ADHD薬は効いたと思う。それ以外の薬は飲まない」と語った。私は，「Ａが不登校になったのはどうしてだろう？」と尋ねると，Ａは「お金やネットからの情報の方が信じられる」と語った。私は，「母親と継父との生活で，Ａ君はずいぶんと気を遣っていたのでしょう。母親からは注意をされてばかりで，Ａが継父に気を遣っていたことをわかってもらえなかったのはつらかったのでしょう。それで，祖母をどうしてあのような娘（＝母親）を産んだのかと恨む気持ちが強いのでしょう」と伝えた。さらに私は，「たいへんな孫を育てることになると，祖母は長生きできないかもしれない。そうすると，誰がＡの面倒をみることになるのか？　祖母が長い老後を暮らしていくためには数千万円は必要になる。Ａにそのお金をむしり取られたら，Ａに必要な学費を誰が面倒をみるのか？　これ以上Ａが祖母の手に負えなくなったら，一緒に暮らせなくなるかもしれない」と伝えた。すると，Ａは「どうせ薬を増やすか，施設に入れるかだろう」と怒り出した。だが，Ａは，「抗ADHD薬は飲んでやる」と悲しそうに泣きだした。私は，Ａが大人に頼りたい気持ちと頼ろうとしてもつきはなされるという気持ちの間で揺れ動いていると感じた。私は，「推理小説は１回読むともう犯人がわかってしまう。繰り返し読んでもおもしろくないものですよね。Ａが探偵マンガの主人公を好きでそっくりな眼鏡や探偵セットを買ってもらったことは，母親，祖母，そして治療者のうちの誰がＡをいちばん真剣に考えているかを知りたいと思っているのでしょう」と伝え

ると，Aは「それぐらい僕のことをわかってくれているなら，なんとかしてくれよ」と話した。私は，「ただ，今の状況では，祖母が限界になったら，施設への入所は必要になる」とAに伝えた。診察後，Aと祖母は，すぐに児童相談所に向かった。その後，Aは施設に入所することになった。Aはしばらく後に施設を逃走した。

　その後Aは受診したが，Aが再診してから数カ月が経過していた。Aは「施設のスタッフはほんとうにあほだよ。逃げだすのは簡単だったよ」と得意げに語った。さらに，Aは「僕は，おまえが言った通り学校に行って，勉強しようと思う。科学警察になってハッカーと戦いたい」と語った。私は，「施設の隣が警察署なのによく逃走できたね。ただ，脱獄前科1犯は科学警察にはなれないかもしれない」と伝えると，Aと祖母は大笑いをした。Aは登校するようになり，「勉強もしなくてはいけない」と塾にも通うようになった。Aは定期的に通院し，児童相談所の家庭訪問もあわせて行った。Aは祖母に万が一のことがあった時に備えて，さまざまなお店のポイントを貯めることに熱中するようになった。

2. 事例2

B君　小学校高学年　自閉スペクトラム症（ASD），反抗挑発症（ODD）

主訴：不登校。昼夜逆転の生活。母親にゲームを制止されると，ひどく暴れる。ゲームに課金するために家のお金を持ち出す。

家族：両親は離婚し，母親との2人暮らしだった。

現病歴：小学1年時に初診し，ASDと診断された。その後の受診は年数回だった。小学校高学年になってから不登校になり，ゲームに没頭し，昼夜逆転の生活になった。小学校卒業が近くなり，スクール・ソーシャルワーカー（SSW）に勧められて，母親とともに受診した。次回の診察の予約をするが，Bは起床できずに母親とSSWが受診した。私は，母親とSSWと次のようなことを話した。Bの暴力がひどいような緊急事態には，警察や児童相談所，あるいは児童精神科病棟がある病院への転院を行うことを伝えた。また，家からのお金の持ち出しやゲームへの依存への対応については，私は，家にはよけいなお金を置かないこと，ゲームを無理に取りあげ

ないことを母親に伝えた。そして，私は関係諸機関に対応を依頼した。その後，母親にゲームを制止されたBはひどく暴れ，包丁をふりまわしだした。恐怖を感じた母親は，学校に逃げて助けを求めた。小学校の校長は警察に通報し，警察は児童相談所に連絡し，連携はうまくいくように思えた。だが，児童相談所は，「暴れる子どもは一時保護できない」という判断をした。母親はおそるおそる一度自宅に様子を見に帰ると，Aは電球や割れた窓ガラスを砕き，母親が家に入ってきそうな所にばらまき，バリケードを作っていた。母親は意を決して帰宅した。Bは，機嫌よく母親を出迎え，「よく帰ってきた」と母親の頭をなでてくれたとのことだった。このようなことがあったため，Bと母親は緊急に受診した。

　私は，「急に病院に来てもらうことになったけど，何があったのだろう？」と伝えると，Bは「う～ん」と言って，考えこんでいるようだった。さらに私が「包丁をふりまわしたと聞いたけど，母親を傷つけたらB自身も傷つけることになる」と伝えても，Bは「う～ん」うなっていた。私は母親に，「家に戻ってからはどんな様子だったか？」と投げかけると，「逆にこわいくらいです。穏やかにゲームの話をするのです。ゲームは一時的に取りあげました」と語り，Bは「ほんとうに寝ているか，テレビを見ているかの生活だ」と話した。母親は続けて「ゲームを取りあげようとして，この前はBはひどく暴れだした」と話し，私は，Bが暴れた時に母親が出て行った時のこと，帰ってきた時のことをBに尋ねるが，Bは「う～ん」「あ～」と眠そうな表情でうなり声をあげるだけだった。

　この時私には，（Bの父親はどのような人なのだろうか？）ということが頭をよぎった。私はカルテを見返したが，ほとんど家族歴は記載されていなかった。続けて私は，中東で日本のタンカーが攻撃されたニュースを思い出して，中東で戦争が始まるかもしれないという嫌な予感が走ったことを思い出した。私の友人の交際相手がエネルギー産業に勤務していて，その人が長期に中東への出張に行くことになったことが私の頭をよぎった。私は，ふたりの交際はいったいどうなるのかという気持ちになった。さらに私は，包丁を降りまわしバリケードを築いていたBと中東のある国の軍隊において教育されている少年兵（その少年兵の親は戦闘にまきこまれて殺害されている。少年兵は洗脳のような教育のやり方で民主主義国家をひ

どく憎んでいる）を重ねて考えていると感じ，さらにどうしてそのような
ことを連想したのかを思い返してみた。私がこうした空想をしている時間
はほんの一瞬だった。

　私は，①Bの中に怒りに満ちた世界があること，②その怒りの世界の存
在にBはふれることになったこと，③怒りの世界を自分でコントロールで
きずにこわいと感じていること，④怒りの世界はまだ語られていない父親
と関係があるのではないかと感じた。私は，「このまま不登校，ゲーム三昧，
昼夜逆転の生活をしていると，世界で起こっていることを知らないまま過
ごすことになるかもしれない。日本のタンカーが攻撃されたりして中東で
戦争が起こるかもしれない。君と同じぐらいの年齢の少年兵が中東では戦
闘をしていて，世界の動きがわからないまま，指導者が言った通りに人を
憎んで戦っているかもしれない」と伝えると，Bは，「僕だって知っている
ことがあるよ。日本は，核爆弾に使えるプルトニウムをいっぱい持ってい
るよね」と答えた。私とBはいま被爆地で面接していることを思い起こし
た。そして，私は，「被爆地ではあまり大きな声では話せないのだけれども，
日本は攻撃ができないから万が一に備えて核兵器が作れるプルトニウムを
貯めているんだよ」と伝えると，Bは「俺は自分のことを相当やばい奴だ
と思っていたけど……お前の方がもっとやばいな」と話した。私は，「包
丁を振りまわした時には，Bは相当やばいことを思っていたのではないか」
と尋ねると，Bは「う〜ん」とうなって黙ってしまった。だが，Bはずい
ぶんと明るいすっきりした表情で帰っていった。

　次の面接は，昼夜逆転の生活から起床できずに来院できなかった。母親
からは，Bはおちついている状況が報告された。母親は，「Bはまだ小学生
だと思って勇気をふりしぼって家に戻った。Bは『よく帰ってきた』と頭
をなでててきた。Bは父親とそっくりだと思う」と語った。母親は，Bの
父親について語った。Bの父親がふだんは気の弱い人だったが，アルコー
ル依存症で，飲酒すると母親へ暴力をふるうことが常だった。Bが幼い時
に父親は家で大暴れをして，Bも叩こうとした。母親はBを連れて警察を
頼り，警察官の勧めで母親とBは支援を受けることになったという話をし
た。それでも父親は，養育費を母親とBに送っているということだった。
母親は，「Bの父親と出会った頃からの記憶がはっきりしないところがいっ

ぱいあります」と語り，私は「Bがガラスを割った時に，お母さんがどれ
ほどこわかったのかということが理解できました」と伝えた。その後の診
察では，Bは，「学校に行きたい。生活リズムを整えたい」と話していたと
いうので，私は薬物調整を行った。卒業が近づいていたBは，「終わりよ
ければすべてよし」と徐々に登校を始め，近所の友達と放課後に遊び始め
た。さらに小学校の卒業式，中学の入学式にも参加し登校を始めた。

III. 考　察

　私は，子どものこころの診療場面では，「つかむ」ことが大切だと感じて
いる。「つかむ」という言葉には，①子どもや家族の問題をアセスメントす
ること，そして②子どもや家族を治療に導入することという意味を含めてい
る。初診からアセスメントの診療では，その子どもが抱えている問題や現在
置かれている状況についての情報を全体として表現されることが多い。また，
観察と情報収集の場でもあるが，治療の商品見本のようなものでもあり，そ
の親子との治療関係を構築する第一歩でもある。メンタライジングという言
葉には，子どもや家族の問題をきちんと「つかんで」，そして治療に導入す
るというニュアンスがあるように感じられる。メンタライジングをあえて日
本語にするとしたら，「つかみはOK？」ということになるのではないだろ
うか。子どもの一般診療におけるメンタライジング・アプローチにおいて重
要と思われることをまとめたいと思う。

1. アセスメントの目標は「つかむ」こと

　アセスメントの目標は，子ども，家族の状況を「つかむ」とともに治療者
が理解したことをわかりやすく説明し，治療につなげることである（これも
「つかみ」である）。

1）Aについてのまとめ

　Aは，母親の再婚に伴い新しい継父との生活を始めた。Aなりに精一杯気

遣っていたのに報われなかった。Aは母親と離れ，母方祖母との生活をすることになったのである。Aにとっては誰がほんとうに自分のことを心配してくれているのか，面倒をみてくれるのかということは切実なことだったのだと思う。治療者は，このことからAの問題行動が生じてきていると考え，Aの感じている無念さやさみしさを理解しつつ，限界設定を行った。Aは児童相談所の一時保護を受けたが，Aは脱走した。Aにとっては，大人への挑戦になり，まんまと脱走に成功したことは，Aにとっては胸のすくいきいきとした体験になったのではないかと思うのである。Aは家庭，病院，そして児童相談所，施設での生活という設定のなかでプレイをしていたと思うのである。

2）Bについてのまとめ

Bの父親は飲酒をすると母親に暴力（DV）をふるっていた。ガラスを割って暴れたBによって，母親が解離していたBの父親から受けたDV被害の世界を再び目の当たりにして恐怖を感じた。Bには父親から引き継がれている破壊的な世界があるのかもしれないと思われた。私は，Bの話を聞きながら，私の友人のことを思い出した。その後に私とBは被爆地でプルトニウムについてのやばい話をした。私とBの間には，何が起こっていたのだろうか？私が感じていた「戦争が私の友人と恋人との間を引き裂く」ことへの怒りや「何も学ぼうとしないで知らないままでいる」危うさを日本がプルトニウムを万が一に備えて貯めていることとして表現した。私が伝えたことは，Bにとっては母親からゲームを制止された際の怒りから母親への暴力に及んだことよりもはるかにやばいことだったのだと思う。子どもは仲間で集まると，誰がいちばんおもしろいことを話すのか，誰がいちばんくだらないことを話すのかを競うようなことをするものである（渡部，2015）。おそらくBは私になにか類似性や共通性を感じていたのだと思う。これは専門用語を使うと，自己心理学でいう双子転移（twinship transference）――自分のことをよく理解してくれていると感じ，同時に自分もその人をよく理解できている感じている自分と似た人物がただ側にいるだけで，同じことに関心を持って何かを一緒にしているという自己肯定感や安全感を得られる自己対象体験――が生じていたのかもしれない。また，Fonagy（2021）がいう「私たちモード

（we-mode）」「私たち感覚（we-ness）」とも言いかえられるかもしれない。

2.　治療者が関心を持つことで子どもの知的好奇心が高まる

　治療者が子どもの「こころの動き」に関心を持ち続けることは，子どもの知的好奇心を高めることにつながると考えられる。

　Aは推理小説を読んだり，祖母から好きな探偵マンガの主人公そっくりな眼鏡や探偵セットを買ってもらった。Aにとっていちばん関心があったことは，誰がほんとうに自分のことを心配してくれているのか，面倒をみてくれるのかということだったと考えられ，Aが人のこころの動きに関心を高めることにつながったと思う。

　Bの母親によると，Bは再登校するようになってからひたすら謎のメモを書くようになったと語った。母親は当初なんなのかさっぱりわからなかったと話していた。母親は，そのメモは実はBがなにかゲームのようなものを作っていて，空想の人物のキャラクターを作っているのではないかと語った。

3.　「ないものねだり」をせず柔軟に対応する

　治療者は診療の場面で「ないものねだり」をしないことである。例えば，入院治療はできない時に，どのように子どもにマネージメントを行うのかを考える柔軟性とタフさが必要である。さらに治療者は子どもにルールを設定する（限界設定）ということだけでなく，子どものなかでそこで動いている気持ちを「つかむ」ことが大切になる。

4.　メンタライジング・アプローチに期待すること

　メンタライジング・アプローチに期待することを記したい。

　発達上のつまずきを抱えている子どもが神経発達症と診断されると，子どものこころの動きについては顧みられなくなることが起こるかもしれない。実際に神経発達症の子どもや養育機能が十分でない家庭で育った子どもには，ソーシャルスキルをはじめとする生きていく術（すべ）などを子どもに教え

ることも必要になる。こうした生きていく術を子どもに教えることや親への心理教育プログラムは，子どもにとっては二次障害を防ぐ「ワクチン」のような働きをすると考えている。だが，こうしたプログラムを優先するあまり子どものこころの動きについて顧みられなくなる可能性も高まるのである。メンタライジング・アプローチはこうしたプログラムを行う際にも子どもや親のこころの動きを理解するうえで役に立つと私は考えている

Ⅳ. おわりに

　私が提示した症例で，私は何か目新しいことをしているわけではない。私は，子どものこころの診療では精神力動的な考え方は，まだまだ有用であると考えている。Midgleyら（2017）による『MBT-Cガイド』が翻訳出版され，狭義のMBT-Cや子どもへのメンタライジング・アプローチへの関心は高まってきていると思われる。メンタライゼーションに基づいた治療（MBT）は「精神分析的／精神力動的アプローチから発展したもののひとつではあるが，MBTはパーソナリティの機能や障害に見られるとされる主要な心的メカニズムとしてのメンタライジングに特に焦点を絞る統合的モデル」であるといわれている。MBT-Cは，ある期間や回数で治療は一旦終了になる。時間や回数を限られているなかで，子どもは治療者との出会いと別れを経験しながら，子ども，そして子どものまわりにいる大人がよりよくメンタライジングできるようになることをめざすものである。私は，子どものプレイセラピーのfirst lineとして時間制限型MBT-Cが位置づけられることを期待しているのである。

　私は2021年秋にMBT-Cのベーシック・トレーニングを受講した。本章で提示した2例は受講前に治療した症例である。ベーシック・トレーニングでは，乳児期における自己調整の発達は，感情調整，焦点づけられた注意を維持する注意制御，そしてメンタライジングというメカニズムの発達に依存しているということがとても印象に残った。治療者が子どもをメンタライジングできて「つかむ」ことができたならば，子どもは治療者にこころを開いて学び，頼ることができるようになるのだと思う。これが，おそらく，認識

的信頼というものなのだろうと思う。

文　献

Fonagy, P.〔2021〕Foreword. In Rossouw, T., Wiwe, M., & Vrouva, I. *Mentalization-based treatment for adolescents: A practical treatment guide.* pp.xi-xix. Routledge.

Midgley, N., Ensink, K., Lindqvist, K., Malberg, N., & Muller, N.〔2017〕*Mentalization-based treatment for children: A time-limited approach.* American Psychological Association. 上地雄一郎・西村馨監訳，石谷真一・菊池裕義・渡部京太訳（2021）メンタライジングによる子どもと親への支援——時間制限式MBT-Cのガイド．北大路書房．

渡部京太（2015）児童思春期の不登校（ひきこもり）の入院治療を通して見えてくること．思春期青年期精神医学, *25*(1)：20-29.

第5章

心で心を思うこと
──児童相談所におけるメンタライジング・アプローチの実践──

菊池裕義

1. はじめに

　ある臨床家が，子どもへのメンタライジング・アプローチを学びたいと思って本書を繙くとしたら，どういう気持ちからであろう。その臨床家が置かれた具体的な場面を想像してみたい。

　例えばその臨床家は児童相談所の心理職であり，ある小学生と面接している。その小学生は親から虐待を受けていたので，児童相談所の権限で家から離し，一時保護している。その子が急に泣き出した。心理職は胸が高鳴る。それをおさえて，子どもと目線を合わせて，穏やかに言う。

　「どうした？　言ってごらん」

　子どもは泣き崩れ，こう答えるかもしれない。

　「家に帰りたいよ。ママに会いたいよ」

　心理職は，日々，こんな風に生々しい交流を子どもたちと繰り返している。子どもたちの多くは虐待を受けている。そのためか，落ち着きがなく，すぐ癇癪を起こし，感情を話すのが苦手である。言い換えると，注意制御が苦手で，感情調整が困難で，メンタライジングの力が弱い。泣き出したこの子も，保護所では，いつも元気で暴れん坊で，授業に集中できず，癇癪を起こし，教室から飛び出してしまうような子である。臨床家は，こうした子どもたちの育ちを支えたいと思い，メンタライジングを学びたいと思うのかもしれない。

　子どもへのメンタライジング・アプローチを学び，訓練を受けることで，子どもを理解し支える技術は確実に上がっていく。それが私の実感である。

本稿ではその技術を言葉にしてみたい。そうすることで，メンタライジング
を勉強し，訓練を受けることが，日々の臨床にどう生かされるのかを伝えた
い。本稿で私が伝えたい技術は，①メンタライジングな相互交流，②メンタ
ライジングの途絶に気づく，③メンタライジングの回復を促す，の３点であ
る。

　一方，学べば学ぶほど実感されてくることもある。臨床家自身にもともと
備わっているメンタライジングの力の大切さである。ここでメンタライジン
グとは，大ざっぱに言うと，子どもとの情緒的相互交流を続ける力であり，
何ら特別な力ではない。子どもの感情に共鳴し，自分の感情を落ち着かせ，
子どもに気持ちを聞く力である。こうしたことができる大人が周りにたくさ
んいれば，それだけで子どものメンタライジングは育つ。「子どものサイコ
セラピーとは，自然な発達プロセスを映し出しているにすぎない」（Midgley
et al, 2017）。

　したがって，勉強するほど，皮肉にも，勉強するだけでは子どものメンタ
ライジングの力は身につかないということがわかってくる。この現実に向き
合うのはけっこう辛い。しかし，子どもを支えている大人たちの貴重さが身
に沁みてわかってくる。大人たち同士で補い合いながら，子どもの育ちを支
えられるようになってくる。このこともまた，訓練の成果といえるだろう。

　本稿では例示のために，４歳の男の子の事例を挙げた。これは，私が経験
したことの本質を損なわないように創作した架空事例であることをお断りし
ておきたい。

II．メンタライジングな相互交流

　ある晴れた日の昼下がり，一時保護所で幼児たち数名が遊んでいる中，ひ
とりの幼児が大声で泣き出した。保育士はその日少し体調が悪くて正直うん
ざりしているが，溜息をついた後，駆けつける。泣いている幼児に「どうし
たの」と聞く。幼児は保育士に泣いて訴える。「○○ちゃんが僕の玩具とっ
た」。保育士は微笑みつつ困った表情になり，答える。「ほんと○○ちゃんに
は困っちゃうね」

　こうした，日常のありふれたやり取りが，子どものメンタライジングの成長を支えている。

　第1章の図1.2（p. 12）を見てほしい。幼児は玩具を取られて情動を喚起され，困惑し，泣き出す。保育士はそれに共鳴し，乳児の気持ちを内省し，実際に困った表情を作ってみせ，「困っちゃうね」という言葉を当てて，幼児に伝え返す。幼児の心に保育士の心を動かした快さが生じ，情動が落ち着く。それと同時に，幼児は養育者の表情や「困っちゃうね」という言葉を，自分の情動と結びつける。この時，保育士は内心のうんざりした気持ちを，溜息を吐くことで，コントロールしている。このことも見逃せない。保育士は自分の心を上手に調整して，幼児が利用できるようにしている。

　このようにして，保育士と幼児は，幼児の感情の共同調整に取り組んでいる。ここで行われているのは，メンタライジングな相互交流である。この相互交流こそが，子どもの注意制御や感情調整の力を高め，ひいてはメンタライジングの成長を促している。

　サイコセラピーで子どもに行うことも，基本的にはこれと変わらない。もう少し細かく見ていくと，以下のようになろう。

①子どもの感情に共鳴する：目の前の子どもの行動に刺激されて，臨床家自身の感情が揺れ動くのを感じる

②臨床家自身が落ち着く：揺れ動いた自分の感情を落ち着かせる

③子どもの感情をイメージして応答する：子どもが何を感じているのか，自分の感情に，周囲の状況や，自分自身の感情などを総合してイメージしつつ，子どもに伝え返す。

　伝え返すにあたって，メンタライジング・アプローチには，ある大事な心構えがある。それは，臨床家が子どもの感情を完全に理解することなどありえない，ということである。これを無知の姿勢と呼ぶ。だから応答の基本は子ども自身に「どうしたの？」と気持ちを聞くことである。

　もちろん，子どものメンタライジングの力は弱い。だから，子どもに気持ちを聞いても答えられないことが多い。その際は，臨床家の方が，何らかの形で手がかりを与えていく。例えば子どもの表情に波長をあわせ自分も困った顔になり，「○○くん，困ってそうなお顔をしているよ。どうしたの？」と問いかけていくなどである。

私が経験した事例を話してみよう。

　　4歳の男の子Aの事例を報告する。この子は1歳半ばまで，父から母へのDVを見て育ってきた。その後親元から離れ，複数の児童福祉施設を転々とし，今の施設に預けられた。

　　ある時，施設の養育者から相談があった。Aは，最近幼稚園に入って，他の園児に頻繁に暴力を振るうことが目立つようになったという。他の園児とすれ違って身体がぶつかるだけで叩いてしまうので，周りから孤立しており，一人遊びが多くなって，心配なのだという。

　　私はまずこの子にあって見ようと思い，アセスメント面接を始めた。

　　初回，私が彼に声をかけると，彼はあどけない可愛らしい笑顔を向け返してくれた。私が紙と鉛筆を差し出すと，彼は戦車の絵を楽しそうに描き，大きな戦車一台が小さな戦車たちを踏みつぶしていくのだと言って，小さい戦車たちを喜々として塗りつぶした。私は彼に伝えた。「うわぁ。この大きな戦車はすっごい強いね。小さな戦車たちをやっつけてるのは，どんな気持ちでなんだろう！」。彼はニンマリとして答えた。「弱いから全員ぶっつぶされるんだ」。

　　私は，次の回から週1回50分のプレイセラピーを始めようと提案した。彼は同意した。

　私は小さい戦車たちが塗りつぶされていくのを見て，自分の心に恐怖が走るのを感じていた。小さな戦車たちに，殴られる幼稚園の園児たちを思うのは，あまりにもたやすかった。彼の愛くるしい笑顔の中に，潜んでいる残酷さを感じた。私は好奇心と無知の姿勢をもって，この大きい戦車が小さい戦車をどんな気持ちで潰すのか聞こうとした。しかし，彼は自分の気持ちを答えることはできなかった。その代わりに，小さな戦車は「弱いから潰される」とだけ答えた。彼は自分ではどうにも取り扱いの難しい問題をもっているようだった。そして，私と一緒にその問題に取り組もうとしていると，私は感じた。

　ここに示したやり取りの中でも，私の感情は，子どもの心に大きく揺り動かされている。私は，自分が落ち着くことを試みつつ，Aの気持ちをイメー

ジし，問いかけている。

Ⅲ．メンタライジングの途絶に気づく

　担当になってから，ずっと仲良くしていたはずの子どもが，ある日急によそよそしくなり，ときに敵意を向けてくる。児童相談所ではよくあることである。子どもにとってみれば，担当との距離が近づいてきて，感情のやり取りが増えてくると，急に不安が高まってきて，不信感も強まってくるのだ。

　どうしてこうなるのか。メンタライジングの観点から説明できる。人は基本的には，互いに助け合いたい気持ちをもっている。だから互いにメンタライズし合い，気持ちを感じながら関わっていけば，穏やかな優しい関係ができる。だが距離が近づき，感情を出し合えるようになり，相手への愛着欲求が高まっていくとそれが満たされないことへの不安も高まり，メンタライジングが下がる（第1章の図1.3［p. 13］を参照してほしい）。すると，担当の気持ちがわからなくなるし，自分の気持ちも素直に言えなくなる。声を荒げるなど，支配的な言動に出ることもある。このように一時的にメンタライジングができなくなることをメンタライジングの途絶という。

　さらにややこしくなることもある。自分のメンタライジングが途絶したまま，相手に声を荒らげつづけていると，今度は相手も不安になり，メンタライジングが下がり，ついには途絶する。すると今度は相手が「いい加減にしなさい」と支配的な言動に出る。

　こうしたことはセラピー中でも生じる。だから私たちは，子どものメンタライジングが途絶している時と，セラピスト自身のメンタライジングが途絶している時の，両方に気づく必要がある。自分が育っていく過程で身につけた，メンタライジングの地力を高めていくことは，決して容易なことではない。しかし，途絶に気づくことなら，訓練でできるようになる。

　それにしても，私たちは，どのようにしてメンタライジングの途絶に気づくのだろうか。

　私はクライエントとの相互交流を重視する姿勢から，あくまで臨床家の主観で判断するのが良いと思う。すなわち，**クライエントの行動により自分の**

感情が揺れ動くのを感じ取り，それに基づいて応答する，という相互交流が
止まった時にこそ，どちらかのメンタライジングが途絶していると判断する
のである。事例を見ていこう。

> 　　第 2 回，私はプレイルームに戦車やミニカー，ブロックなどの玩具を
> 置いた。するとAは喜々として建物を作り，ミニカーを置き，町を作った
> が，その後，戦車を町に走らせ，砲撃を始めた。建物やミニカーは砲撃に
> より吹っ飛び，町は壊滅状態になった。その様子はかなり強いもので，実
> 際に建物の欠片が飛んだ。彼は「死んだ」と言った。私は「大変なことに
> なった。町は壊滅だ」と言った。すると，彼は魔法の力でミニカーを生き
> 返らせた。そこに，死なせたものの辛さを思う気持ちは，感じられなかっ
> た。私は結構なショックを受けていた。
> 　　第 3 回でもこの遊びは続いた。私は玩具のぶつけ方や，建物の壊し方な
> ど，別の提案をしてみた。しかし彼は「うるさいな！」と強い口調で拒否
> し，夢中で戦車が砲撃する遊びを続けた。彼が玩具をぶつけあう勢いは強
> く，実際に玩具は細かいところで壊れていたが，彼は気にする様子を見せ
> なかったし，私は何も言えなかった。私は彼の言うなりになり，果てない
> 殺し合いを見続けるばかりになった。私の気持ちは自由にならず，彼に支
> 配されているように感じた。

　Aは早くも第 2 回で，攻撃的・破壊的な表現を始めた。それに私は共鳴し，
怯えた。私は自分の感情を落ち着かせつつ，「ちょっと建物が壊れちゃった
なあ。これだと私は怖いなぁ」と自分の気持ちを伝えられれば良かった。
　しかし実際には，私のメンタライジングは途絶してしまった。結果，私は
自分の気持ちを伝えられず，別の建物の壊し方など，彼の行動に注目する提
案を始めた。それだけで彼は「うるさいな！」と反発した。もしかしたら，
私のメンタライジングが止まったことに気づいたのかもしれない。私は彼に
反発されて，支配されたと感じ，何も言えなくなってしまった。私はAに
自分の怯えを伝えられない。Aには私の怯えがわからず，反発する。ここで，
ふたりの相互交流は止まっている。私のメンタライジングが途絶した途端に，
Aのメンタライジングも途絶したわけである。

Ⅳ．メンタライジングの回復を促す

　子どものメンタライジング・アプローチを行ううえで，こうした途絶から立ち直り，相互交流を回復させることが大事になる。その際，気をつけなければならないことがある。それは，臨床家が途絶しているのか，クライエントが途絶しているのか，その最中に判断するのは難しい，ということである。

　だから，**臨床家がメンタライジングの途絶を感じた時に行うべきなのは，早急な反応を避け，まず自分が落ち着くということである。**つまり自分の側の途絶をまず疑う。30秒間，早急な反応を避けるだけで，支配的な言動を抑えることができるとされている（Peter, 2021）。落ち着くことで，自分の感情の揺れ動きを感じ取れるようになってきたら，それは臨床家の方に途絶が起きていたということである。

　一方，もちろん，クライエントの方に途絶が起きている可能性も高い。この時どのようにクライエントの回復を促すかは，メンタライジング・アプローチの技術の核心といってよい。『MBT-C ガイド』を始め，優れた著書・訳書が何冊も刊行されているので，詳しくはそちらを参照してもらいたい。

　ここでは私が日々心がけているエッセンスのみ述べる。

　まず何より大事なのは，クライエントのペースを守って，ゆっくりやっていくことである。セラピストが焦って相互交流を求めすぎると，クライエントのストレスや愛着欲求が高まりすぎて，クライエントのメンタライジングが低下する。これは逆効果になる。

　次に大事なのは，クライエントのメンタライジングのどの部分が弱まっているかを見抜いて，そこを支えるということである。

　例えば，クライエントが自分の感情ばかり話していて，目の前の他者の感情を自覚しにくくなっていることがある。こうした偏りが極端になると，自分の心と現実との関わりが切り離されるプリテンド・モードが生じる。このように，**クライエントが他者の感情に注目できずにいる時，臨床家は他者のひとりとして，自分の感情をわかりやすく話し，クライエントとの相互交流を回復させる。**これを逆関係メンタライジングと呼ぶ（須磨，2022）。

　一方，クライエントが本当は自分の中に不安や恐怖を感じているのに，こうした感情を自覚できず，ただただ怖い他者や現実の様子を事実として話す

ということがある。こうした偏りが極端になると，自分の心と現実の出来事が区別できないまま体験される心的等価モードが生じる。このように，クライエントが自分の内界に注目できずにいる時，臨床家は，**クライエントの語りから推測される内的体験をそのままなぞるように承認する**。これを共感的承認と呼ぶ。

　こうした技術を用いることのねらいは，あくまで，臨床家とクライエントのメンタライジングな相互交流を回復させることにある。これは，どれほど泥臭い，下手くそな方法であっても，それによって相互作用が回復すれば効果があったということである。

> 　第4回，私は，彼の支配に屈せず，自由に自分の気持ちを言えるようになりたいと思った。そこで，いつものように死んだミニカーを生き返らせる彼に，あえて「今死んだのにどうして生きかえるの？　死んだ車がすぐ生き返るなんておかしいよ！」と挑戦した。
> 　すると彼は険しい表情になり「うるさい！」と激しく車と車をぶつけ合った。そして「先生がうるさいこと言うからだよ」と言った。私は「先生にうるさいこと言われて，嫌な気持ちになって，車を叩いているんだね」と言った。彼の興奮はしずまり，しょげたような表情になった。そして，さっきまで叩きあっていた車を見て，「車に傷がついたよ」と言った。私は彼の傷つきが現れたと思い「嫌なこと言われれば嫌な気持ちになるよ」と言った。彼は車をベッドの玩具に潜り込ませ寝かせた。面接の後，手を振ってわかれる際の顔は神妙で，いつもの満面の笑みではなかった。

　第3回までで，Aのメンタライジングの途絶は，主として他者の感情に注目できない状態して現れた。そのことに気づいた私は，第4回で，自分の感情をAに伝え，Aに挑戦することを試みた。私は第3回で彼に反発されているので，このことは決して簡単なことではなかった。しかし頑張って「死んだ車がすぐ生き返るなんておかしいよ！」と自分の感情をぶつけてみた。これは，不器用で下手くそではあるものの，逆関係メンタライジングの一種といえよう。その効果はすぐ現れた。彼は「うるさい！」と言い，激しく車と車をぶつけあって，「先生がうるさいこと言うからだよ」と私を責めた。こ

こでAと私の相互交流が回復した。私は「先生にうるさいことを言われて，嫌な気持ちになって，車を叩いているんだね」と共感的承認を試みた。すると彼の感情が落ち着いた。これまで彼は，玩具の細かいところが欠けても，気にするそぶりを見せなかった。そんな彼が急に，車の傷に注目し，気にするようになったのである。これは，彼のメンタライジングが回復し，現実とより密に関われるようになったことを示している。

Ⅴ．おわりに代えて

　本稿で私が伝えたいことは，メンタライジング・アプローチを学ぶことでどんな技術が体得できるか紹介することであった。まとめると，以下のようになろう。子どもとのメンタライジングな相互交流が続いていくことが，子どもの情緒が発達する上で最も重要なことである。メンタライジングの最も簡単な定義が「心で心を思うこと」（holding mind in mind）である（『MBT-Cガイド』）のは，このことを指している。この相互交流が止まることを，メンタライジングの途絶という。この途絶に気づき，子どもとの相互合流を回復させることが，メンタライジング・アプローチの中核である。

　おわりに代えて，本稿で紹介したケースがどのように展開したかを示したい。ケースが展開しても，その中で子どもとのメンタライジングな相互交流がずっと続いていること，その中で子どものメンタライジングが育っていることを，感じ取っていただけたら嬉しい。それはみなさんが，これまでも，日々の臨床で行ってきたことであるはずである。

　　第4回のセッションの後，私は，このケースについてスーパービジョンを受けた。スーパーバイザーは，彼の養育者が次から次へと変わっていることについて，自分の大切な人が，次から次へと死んでは生まれかわるような体験だったのではないかと言った。その一言は，私にある体験を思い起こさせた。私は彼が施設を離れて，今の施設に預けられるとき，少しだけ彼と関わっていた。これまで一緒に暮らしていた施設職員が泣きながら彼に別れを伝えるとき，彼は無表情だった。その無表情は，どんな泣き

顔より，私の心をえぐった。もし，彼がこの時の痛みを私に伝えてくれているのなら，それは，私にとってうれしいことだった。私にできることは，彼が繰り返してきた死と生の体験を，一緒に体験していくことだと，覚悟を決め直した。

　第 5 回，彼はこれまでと異なり「僕は悪者になる」といって，悪い戦車だけがいられる場所を作り，そこに戦車一台を置いた。私の車がそこに入ると，悪い戦車に撃たれた。この遊びを見て，私は次のように思った。第 4 回で私たちは感情をぶつけ合った。それにしょげて，彼は自分を悪者だと意識するようになったのかもしれない。保育室の中で，自分を悪者だと思って，ぽつんと一人でいる彼の姿が，私の眼に浮かんだ。

　プレイが終わり，私たちは待合室に行った。彼はそこでコートを上手に着終えた。私が褒めると，彼は目を逸らした。その様子は恥ずかしそうだった。私は彼の顔を見て「恥ずかしいの？」と聞いた。すると彼は痛いところを突かれたといった表情で「先生のほうが恥ずかしがりやじゃん！」と言った。たしかに私も恥ずかしがり屋だった。「あっ，しまった，そうだった」と私は言った。私たちは笑い合った。

　第 6 回，私が気づいたのは，彼が建物をひっくり返している時，車を激しくぶつけ合っている時，彼なりに玩具が壊れないよう，力を加減しているということだった。私は彼を信じ，破壊が起きる際の緊迫感に耐えることにした。そうしていると，彼はブロックの建物をバラバラにした後，私を見た。そして私を励ますように優しい笑顔で，「壊れてもなおるよ」「なおそう，ふたりで」と言った。その瞬間，私は涙ぐんでいた。私は声を震わせながら，「なおそう。ふたりで」と復唱した。彼は頷き，微笑んだ。

　戦車とミニカーの戦いは次第になくなっていった。代わりに，私たちは車になって，一緒に買い物に行ったり食事をしに行ったりするようになった。

　それからのセッション，私たちは両端にそれぞれ自分の住む家を建てた。彼は「あと 3 日寝たら先生の車が僕の家に引っ越すよ」と言った。私は「嬉しいことなのかな，寂しいことなのかな，わかんないや」と言った。すると彼は「嬉しいことだよ」と断言した。

　その後，私たちは合計 15 回ほどプレイをして，お別れをした。保育園

の先生に彼の様子を聞くと，その頃，彼は友達と一緒にブロック遊びをし，お弁当を食べるようになっていた。暴力はだいぶ減り，友達が玩具を欲しがっても，我慢して渡す様子が見られるようになったという。

文　献

Peter, S.（2021）*How childcare workers can apply attachment ideas to support young children who display challenging behavior in the setting.* Anna Freud Center transformation seminar. https://www.youtube.com/c/AnnaFreudNCCF

須磨知美（2022）セラピストの思いを伝えること―明示化―．自主企画シンポジウム『メンタライジングの技術』2022年1月23日．

第6章

児童期・思春期のグループセラピー

那須里絵・木村能成・西村　馨

Ⅰ．はじめに

　MBTにおいて，グループは重要な役割を果たしている。MBT-I（the introductory process to mentalization-based treatment）では，心理教育を通して患者にMBTの治療を紹介し，治療への動機づけを高め，治療計画を立てることを目指す（Bateman & Fonagy, 2016）。一方，MBT-G（the MBT group intervention）は，メンタライジングの「練習場」を提供することを目的とし，無意識的なプロセスに対する解釈を行わず，治療者の無知の姿勢が重視される（Bateman & Fonagy, 2016；Karterud, 2015）。MBT-IやMBT-Gは，境界性パーソナリティ障害や反社会性パーソナリティ障害の患者の治療法である。

　これに対し，MBTG-A（mentalization-based therapy group for adolescents）は，思春期の治療（心理教育）プログラムとして開発されており（Malberg & Midgley, 2017; Muller & Hall, 2021），虐待，ネグレクト，養育者の精神疾患などを経験した臨床群の子どもだけでなく，学校現場での活用など非臨床群の子どもへの適用も期待されている。Malberg & Midgley（2017）によると，MBTG-Aは，8名以下のメンバーに対して平均12セッション行われる。グループの目標は，メンタライジングを強化すること，感情の言語化を促進することである。治療者のメンタライジング的姿勢が重視され，その中心に無知の姿勢（第2章参照）がある。MBTG-Aの実践例として，Malberg（2012）による末期腎不全を抱える子どもを対象にしたグ

ループが挙げられる。MBTG-Aでは，グループが「対人関係の実験場」となり，メンタライジングの練習を可能にするとともに，グループを通した仲間関係の発達を重視している。通常の子どものグループセラピーに比べ，MBTG-Aはより構造化され，メンタライジングに焦点づけられた活動や介入が計画されている。

　筆者らは，すでに実践していた児童期，思春期対象のグループセラピーに，このMBTG-Aの手法を取り入れた「グループセラピーへのメンタライジングアプローチ」を実施した。本章では，その具体的手法を紹介し，成果を検討することを目的とする。

Ⅱ. グループセラピーにおける活動，関係性，メンタライジング

　子どものグループセラピーでは，何らかの活動を用いることが一般的である（Shechtman, 2007）。当初活動は，関係性を構築するための媒介だったが，その後，自己・他者理解を深めるもの，言語的・非言語的なコミュニケーションの手段として認識され，活用されるようになってきた。以下のような説明が可能であろう。子どものグループでは活動を通して体験が生まれ，体験が象徴化・言語化されることを通して，関係性が構築される。そして，関係性を通して自己理解・他者理解が促進される。このサイクルが生じることが治療機序となる（図6.1）。

　筆者らは，グループ開始当初，許容的な雰囲気（Slavson, 1943）がグループのこうした治療的作業のサイクルを促進するものだと考えていた。だがやがて，こうした雰囲気を作り出す「関係性」や「理解されること」が，心理的成長の鍵であると認識するようになった（西村・木村・那須・加本・関戸・天笠ジェイムス・塚瀬，2015；木村・那須・西村，2016）。その後，メンタライジングの理論と出会い，「関係性」は，セラピストと子どもの間，あるいは，子ども同士の間で生じる愛着関係，「理解されること」はメンタライジングされることに他ならない，と気づいたのである。そうして，メンタライジングに焦点化したものにグループ実践を方向づけることにした。すなわち，①活動においては，体験の賦活とその象徴化・言語化を，子どもの

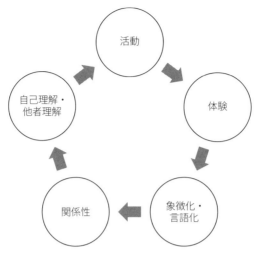

図6.1　子どものグループにおける治療機序

自己に向けたメンタライジングとしてとらえ，②それを基盤として，他者とのやり取りを促進し，他者に向けたメンタライジングを促進し，関係性を発展させることを目指した。活動はグループの発達段階に応じて調整され，そのときに適したメンタライジングの促進を助けるよう導入される（那須・西村，2021a）。グループ運営に際しては，スタッフはメンタライジング的姿勢を心がけ，関係の中で子どものメンタライジングを助ける。スタッフと子どもの関係性の深まりとメンタライジング能力は相互作用し発達するものと期待される。それらを踏まえて筆者たちが実践してきたグループの概要を紹介する。

Ⅲ. 方 法

1. グループの構造

1）対 象
対人関係に困難を抱え，心理・教育，医療の専門的ケアが必要なレベルの

子どもから，カウンセリングに行くほどではないが「元気になりたい」子どもの混合グループで，発達障害の有無は問わない。家庭や学校の中で，トラウマティックな経験（いじめ，両親の離婚など）を抱え，メンタライジングが欠如した人間関係を生きてきた子どもも在籍している。

2）メンバー構成

児童期グループは年齢を考慮し小学校2年生から6年生，思春期グループは中学1年生から3年生，それぞれ男女別とし，各グループ5〜8名程度とする。

3）スタッフ構成

各グループ，臨床心理士のセラピスト1〜2名の他，ボランティア学生が数名入っていた。

4）頻　度

週に1回2時間。

5）プログラム構成

前半に身体活動（スポーツ），後半に自己表現活動を行う。自己表現活動は，楽しみながら自分を表現し，相互理解の機会を提供するものと，造形等を通して自分を表現するものがある。前者には「サイコロトーク」（話すことをサイコロの目ごとに決めておき，順番にサイコロを振って話をする）など，後者には絵や人形による自己像づくりなどがある。活動において重要なことは，楽しく活動をしながら，子どもが自分の思考や感情を言語的，非言語的に自由に表現し，さらに表現されたものをセラピストやメンバーが関心を向け，内的，相互的なメンタライズを活発化させることである。

2. 治療者の姿勢，介入技法

メンタライジング的姿勢，無知の姿勢の意義は言うまでもないが，グループにおいては，好奇心と遊び心を持って探求的に関わり，活動を通して遊びをいきいきとしたものにし，子どものナラティブを触発することの意義は非常に大きい。

グループにおいてメンタライジングの雰囲気を保つ助けとなる介入技法として，Malberg & Midgley（2017）は3つの技法を紹介している。これらは，

子ども同士のメンタライジングを促進するだけではなく，セラピストのメンタライジングが途絶した際，メンタライジング的姿勢を取り戻す上でも有用である。ここでは，各技法の特徴を示す。

1）一時停止，検索，巻き戻し（Pause, Search, Rewind）

非メンタライジング的なやりとりに注意をむけさせ，そのやり取りにいるメンバーの一人に「一時停止」して，その瞬間に体験している感情と共にいるように促す。その感情に名前をつけ，「検索」するよう求め，そのように感じた他のときのこと，誰との間で感じたのかを考えさせる。それから，話し合いに関わっている参加者に対して「巻き戻し」，このやりとりが始まる前に，何を考え，感じていたのかを振り返るよう促す。

2）チェッキング（Checking）

誰かが誰かの行動に困らされているように見えるとき，あるいは攻撃的なやり方で反応している時に，それぞれに対して，相手が何を感じ，考えていると思うかを話すよう促す。

3）リクルーティング（Recruiting）

セラピストは絶えず目を配り，ある出来事や発言に対する印象や見解を話してくれるメンバーを募集する。

上記に加えて，セラピストは観察者ではなく，自分自身としてその場にいて，子どもとの情緒的関係を促進する存在でなくてはならない。『MBT-Cガイド』（Midgley et al., 2017）では，「MBT-Cセラピストの治療的存在感」の重要性が論じられている。セラピストが純粋で，非審判的で，共感的で，あるレベルの自己開示を心地よく行う大人でいることは，子どもとの治療作業において中心的な要素であるとしている。

介入の実際については紙幅の都合上割愛せざるを得ないが，このような技法を中軸に据えて実践してきた児童グループ（木村・那須・西村，2020）や思春期グループ（那須・岡本・西村，2020；那須・西村，2021b；木村・西村，2021）については，いくらかその概要を報告してきた。本章では特に，愛着トラウマを抱えた子どもに対するグループセラピーのメンタライジングアプローチについて紹介する。

愛着トラウマは，愛着関係の中で生じるトラウマ体験，あるいはそれによる愛着に関わる心的機能の損傷を指す（Allen, 2013）。このような課題を抱

える子どもは，さまざまな現場で出会うようになっているが，関係性が構築しにくく，介入の工夫が課題となる。

Ⅳ. 事　例

1. 児童期女子グループ

　A（小6）は万引き等行動の問題，学校での孤立といった対人関係の問題でグループを求めた。注意制御の難しさからADHD傾向が，万引き等の背景には愛着トラウマの問題が推測された（それは後に明らかになった）。Aは参加当初から落ち着きがなく，動き回る，セラピスト（Th）を罵倒するといった行動を示し，メンバーとの情緒的関わりは乏しかった。

　ある日のセッションで，父親にカードを作るという活動を行なった際，Aは騒ぎ立て，活動を放棄した。ThがAの落ち着きのなさを指摘すると，Aは「家族のことは話したくない。変わってるから。学校で嫌な思いをした」と言った。Thが「それは嫌だったね」と言うと，Aは「嫌だって思うなら，なんでやらせるの！」と言った。Thは苛立ち，『活動に参加しよう』というグループルールがあると言うと，Aはますます反発した。Thが「私はAと口論したいわけじゃないよ」と言うと，Aは「私は口論がしたいね！！」と怒鳴り，グループは緊張感が高まった。Aは残りの時間を，Thから距離を取って過ごした。帰り際，気まずそうなAに対し，Thは「絶対，Aを嫌いにならないよ」と伝えた。AはThをじっと見つめ，帰宅した。

　翌週のグループに，Aはいつも通り参加した。他のスタッフに肩車をねだり，それを見たThが「甘えんぼがいるねぇ」と言うと，Aは笑顔で「そうだよ！」と言った。家では肩車をねだることはなく「親とはそもそも話さない」と言うAに対し，Thが「それは寂しいね」というと，Aはしんみりと「うん」と答えた。

　それ以降，Aのグループでの様子に変化が見られた。自分の生活に関するユーモラスで空想的な話（自宅で十二単を着て生活している，彼氏が格好良く周囲の女子たちが鼻血を出して倒れる，自分は塾で優等生である，

など）を繰り返した。グループは戸惑い，驚いたが，Aの話を批判せず楽しんだ。そのようなことが数回繰り返されたある日のセッションで，Aはふと，現実の自分は優等生とはかけ離れていることを打ち明けた。メンバーはAの自己開示を受け入れ，Aはグループの中で落ち着いて過ごせるようになり，メンバーとの情緒的な相互作用が増えていった。

本事例の考察

　Aは万引きや学校での孤立といった問題を抱えていた。その背景には，ADHD傾向による注意制御や，家庭内不和の問題があった。Aの愛着トラウマは，グループの中で不安や緊張といった感情を言語化できず，騒ぎ立てるという行動で現れた。

　父親の話はAの愛着トラウマを刺激し，覚醒度を高めた。Aの強い拒絶によりThの感情調整が難しくなり，メンタライジングは途絶してしまった。Thは，本来であればAの学校での傷つきやAの感情に関心を向ける必要があったが，ルールに厳格になり，非メンタライジングモード（目的論的モード）に陥った。帰り際，ThがAに「嫌いにならないよ」と伝えたことは，関係性を修復する介入であった。翌セッションでAは親と話をしないことをThに打ち明け，ThはAが，A自身の「寂しい」という感情をメンタライズすることを助けた。AとThとの間で感情が共有されたことで，Aは率直に話をしても関係性が壊れないことを体験した。それは後に仲間関係へと波及し，Aのグループに対する安心感，信頼感へと繋がったと考えられる。

2. 思春期男子グループ

　B（中2）は中1の頃いじめられ，不登校になった。対人交流を求めてグループに参加した。受理面接では「死にたい」と語った。母からは，幼児期から友達関係が難しく，母親のそばにいたがったことを聞いた。

　参加当初，Bは一方的に話し，仲間との相互作用が乏しかったが，年長メンバーたちはBの苦労に理解を示していた。セラピスト（Th）には，もたれかかって甘え，休憩時間もまとわりつくことが多かった。

　中3で最上級生になると，BはThを真似て活動を提案するようになった。

能動的になりすぎて，Thの言葉に耳を貸さなくなることもあった。そのような状況で，ある時，ロールプレイ活動をしていると，Bは酔っ払いの真似をしてメンバーに絡んだ。Thは，Bが以前「父親が酒を飲んで暴れるのが嫌だ」と言っていたことを思いだし，そのことを取り上げて，Bの意見を求めた。すると，Bの表情がこわばり「どうでもいい！」と話した。Thやメンバーが質問を続けるとBは，「なんなのこの質問攻め！」「家のことをどうこう言われたくない！」と激昂した。Thは「色々聞かれて嫌だったね」と伝えると，Bは小さく頷いた。セッションを終え，メンバーが去る時，Bは持参したゲームを一人でやり，ポツンとしていた。ThはBがもうグループには来ないのではないかと心配になった。翌セッションにBが現れたとき，Thは安堵し，前回のことを謝ろうとすると，Bは「あれは水に流そう」とさっぱりとした表情で言った。

　秋頃のセッションで，同級のメンバーCが「死にたい」と打ち明けた。Bは当初その話を聞くことを拒否したが，やがて「俺も死にたいことあったよ。でも周りの人が悲しむって思ったから死ななかったんだ」と涙を浮かべて訴えた。Cは，死にたい気持ちは変わらないがグループでこういうやりとりができてよかったと話した。

　その後，希死念慮の背景となった出来事を話すようになったCに対して，Bは自分が勉強した心理学の知識を伝え，サポートしようとした。Cは「明るいBにもいろいろあったんだ」と応えた。その後もBとメンバーとの情緒的交流は展開していった。

本事例の考察

　Bは，愛着トラウマを含む複数の関係トラウマを抱えていたと推測され，対人的な安心感を持ちにくく，身体レベルでの安心感を求める傾向が強かった。

　父親との間のトラウマ体験は，グループの自然な流れの中で扱うべきであり，この流れで扱うのは不適切だったと言える。Bがはしゃぎすぎることへのフラストレーションから発せられた問いであり，グループ全体がメンタライジングを途絶させる流れになってしまっていた。Thは，後に誤りを認め，謝罪しようとしたが，Bの方から「水に流そう」と提案された。覚醒が高ま

りすぎたことで生じたトラブルをそれ以上追求しないでほしいという意味だっただろうし，Thを許すという意味でもあったろう。いずれにせよ，関係が修復する方向に動いたのだった。

　いじめの関係トラウマについては，メンバーCとの関わりを通して，扱われることになった。Cの語る希死念慮は，それを回避してきたBを内側から揺さぶった。しかしBはそのことをグループの中で率直に語り，Cに対しても情緒的に関わることで，扱いにくいトラウマ的情動が，グループの中で抱えられ，メンタライズできるようになった。覚醒度が高くなった状態にあってもメンタライジングができる体験は，治療過程において非常に重要である（Allen, 2013）。

Ⅴ. 考　察

　本章では，「グループセラピーへのメンタライジングアプローチ」の具体像を示し，特に愛着トラウマの治療可能性を紹介した。グループの目的は個人のメンタライジング能力を高めることであり，活動はメンタライジングを促進する風土を育てるうえで役立ちうることを示した。

　本章の事例のように，愛着トラウマを抱える子どもとの関係性構築は困難になりやすい。セラピストに否定的感情が喚起された結果，セラピスト自身のメンタライジングが維持しにくくなり，子どももセラピストもメンタライジングが途絶しやすくなる。しかし，子どもは関係を壊すことを望んでいるわけではなく，修復を望んでいる。グループにメンタライジングを促進する風土が育っていれば，途絶したメンタライジングの修復も可能になる。

　セラピストに求められるのは，途絶の瞬間を理解し，覚醒度を調整し直し，メンタライズを促進すること，セラピスト自身の失敗を認め，率直に愛情を伝えることである。その際には，スーパーヴィジョンやセラピストチーム，グループへの信頼が力になるだろう。

Ⅵ．本章のまとめ

　最後に本章のまとめとして，子どものグループにおける仲間・子ども・セラピストの関係を図6.2に示す。「グループセラピーへのメンタライジングアプローチ」においては，セラピストは子どもの安心基地となり，子どもをメンタライジングする存在となる。グループでは，こうした関係性が子ども‐セラピスト間においてのみならず，子ども同士の間でも展開する。

　筆者らのアプローチはまだ検討途上にあり，不備や不足も残されている。とはいえ，グループという場での仲間関係におけるメンタライジング能力の促進は，個人療法にはないグループ独自の魅力と考えられ，また対人関係に課題を抱える子どもの多い現代的ニーズにも応えるものであろう。今後の発展に期待したい。

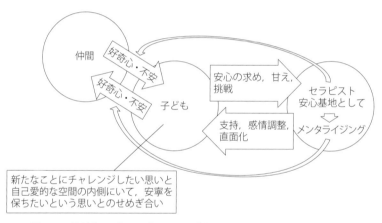

図6.2　子どものグループにおける仲間・子ども・セラピストの関係

付記　本研究は科学研究費補助金基盤研究（C）18K03113「児童思春期の愛着形成・修復に資する心理・社会的アプローチの整備」（研究代表者：西村馨）の成果の一部である。

文　献

Allen, J. G.（2013）*Restoring mentalizing in attachment relationships: Treating trauma with plain old therapy.* Washington, DC: American Psychiatric Publishing. 上地雄一郎・神谷真由美訳（2017）愛着関係とメンタライジングによるトラウマ治療——素朴で古い療法のすすめ. 北大路書房.

Bateman, A. & Fornagy, P.（2016）*Mentalization-based treatment for personality disorders: A practical guide.* Oxford: Oxford University Press.

Karterud, S.（2015）*Mentalization-based group therapy (MBT-G): A theoretical, clinical, and research manual.* Oxford: Oxford University Press.

木村能成・那須里絵・西村馨（2016）活動集団療法における甘えのあり方と情動調整機能の発達. 教育研究, *58*, 33-43.

木村能成・那須里絵・西村馨（2020）子どものグループセラピーにおけるメンタライジングアプローチの意義：アタッチメントに課題をもつ子どもの成長に向けて. 集団精神療法, *36*, 95-104.

木村能成・西村馨（2021）グループセラピーにおける愛着に課題を抱えた思春期男子の成長：「甘え」からメンタライジングへ. 思春期青年期精神医学, *31*, 44-54.

Malberg, N.（2012）Thinking and feeling in the context of chronic illness: A mentalization-based group intervention with adolescents. In Midgley, N. & Vrouva, I. (Eds.), *Minding the child: Mentalization-based interventions with children, young people and their families* (pp. 147-162). New York: Routledge.

Malberg, N. & Midgley, N.（2017）A mentalization based approach to working with adolescents in groups. In Haen, C. & Aronson, S. (Eds.), *Handbook of child and adolescent group therapy*（pp. 148-159）. New York: Routledge.

Midgley, N., Ensink, K., Lindqvist, K., Malberg, N., & Muller, N.（2017）The therapist stance in time-limited MBT–C. In Midgley, N., Ensink, K., Lindqvist, K., Malberg, N. & Muller, N., *Mentalization-based treatment for children: A time-limited approach* (pp. 83–103). Washington, DC: American Psychological Association.

Muller, N. & Hall, H. D.（2021）*MBT-A group therapy with adolescents with emerging personality disorders.* New York: Routledge.

那須里絵・岡本美穂・西村馨（2020）児童虐待による「隔絶感」の克服に貢献する思春期女子グループの意義. 精神療法, *46*, 83-92.

那須里絵・西村馨（2021a）グループセラピーの方法論 現代思春期の心理的発達を支援する方法として. 教育研究, *63*, 113-122.

那須里絵・西村馨（2021b）孤独感を抱えた中学生女子へのグループセラピー：サブカルチャーから生の人間関係へ. 思春期青年期精神医学, *30*, 120-131.

西村馨・木村能成・那須里絵・加本有希・関戸直子・天笠ジェイムスジョンソン・塚瀬将之（2015）児童活動集団療法の一手法：関係性の視点からの考察と可能性. 心理臨床学研究, *33*(3), 310-315.

Shechtman, Z.（2007）*Group counseling and psychotherapy with children and adolescents: theory, research, and practice.* Mahwah, New Jersey: Erlbaum.

Slavson, S. R.（1943）*Introduction to group psychotherapy.* New York: The Commonwealth Fund. 小川太郎・山根清道訳（1956）集団心理療法入門. 誠信書房.

第7章

児童養護施設で子ども−職員間の愛着を育てる

若松亜希子

Ⅰ．はじめに

　昨今，子ども虐待の児童相談所への相談件数は年々増え続け，令和2年度には20万件を突破した。現在児童養護施設には，被虐待によるトラウマの影響や発達上の問題等を抱えた養育の難しい子どもが多く暮らしている。なにげない普通の穏やかな生活そのものに治癒的な力があるといわれている（Trieschman et al., 1969）。衣・食・住はそれ自体をいとなむことだけが目的ではなく，そのいとなみには多様な意味合いがこめられている（全国児童養護施設協議会，2008；楢原，2015）。朝起きて朝食をとり，時間どおりに学校へ登校し，帰宅後宿題をしたあと友達と遊び，温かい夕食の食卓を皆で囲み，好きなTVを少し観たあと，大人のそばで安心して眠りにつく――こうしたなにげない日常のいとなみを体験することそのものが，過酷な環境で育ってきた子どもにとって治癒的にはたらくといえる。そして何より大切なのは，そのいとなみを「誰と」過ごすのかということであり，いとなみを通して養育する人を心から信頼できるようになることである。昨今の施設養育の現場においては，子どもと担当職員（以下，ケアワーカー）の愛着関係づくりの大切さが認識されてきている。安定した愛着関係は，基本的信頼感をはじめとした健康的な情緒発達のために不可欠な要素を子どものなかにつくりあげる。子どもとケアワーカーの間に愛着関係という器を作ることの大切さはわかってきたものの，学齢期以上の子どもが多く暮らす児童養護施設という場において，その器はどうしたら形成できるのか，そしてその器の中で

何をすればよいのかについては不透明であった。そこで施設の養育の場や心理療法場面において，メンタライジング理論を活用して子ども支援を行うことの有用性を感じている。

II．子どもの養育の場におけるメンタライジング理論の活用

　トラウマを抱えた人はより低い緊張度でもメンタライジングを失い，本能的な即時行動による行動をとりやすくなるといわれており（崔，2016；第1章参照），施設の暮らしの中で問題やトラブルがおきることは少なくない。些細なことでかんしゃくをおこす子どもがいたり，挑発的・支配的な態度からケンカがおきたり，暴力や破壊行動などがおきたり，自傷行為や反社会的行為がみられることもある。ほかにも，食・睡眠・排泄に関連した問題や，抑うつや解離などの精神症状がみられる子どももいる。施設では複数の子どもが集団で生活しているために，子どもの要求を丁寧に汲み取って対応することが難しいという構造上の問題も多い。本来は子どもの要求に敏感に対応できるケアワーカーだったとしても，このような生活状況の中ではメンタライジングする能力に大きな負担が生じて，非メンタライジング的悪循環に陥りやすい（第1章図1.3参照）。

　筆者がある施設の職員研修で愛着や感情発達のテーマについて話したあと，「自分の感情もよくわかっていない子どもが，相手の気持ちなど考えられるわけがないと思った」「つい年齢に応じた行動を期待してしまうが，その子の情緒がどこまで育っているのかを知り，これからどこを育てていけばいいのかを考えることが必要だと感じた」「子どもが情緒発達のどの段階にいるかを考えずに叱ってしまっていた。これからはしっかりアセスメントして対応したい」などの感想をもらったことがある。子どもの健常な発達のありようを知らなければ，今自分が育てている子どもの発達段階をアセスメントすることはできない。そこでケアワーカーが子どものメンタライジング能力の発達段階について理解することが有用だと考える。発達段階を理解することによって，その子が未発達なメンタライジングを抱えているのか，メンタライジング能力はある程度育っているが，非メンタライジングモード（目的論

的モード，心的等価モード，プリテンド・モード）に陥ることがあり，その
きっかけは何なのか等を見極めることができるようになる。施設には臨床心
理士や公認心理師などの心理職が配置されているため，ケアワーカーが心理
職と一緒にアセスメント作業を行うことで，さらに客観的で詳しいアセスメ
ントが可能になると思われる。アセスメントのために子どもの言動を客観
的に観察することが増えるだろうし，アセスメント作業を通して子どもと
の距離感がほどよいものとなり，ケアワーカーが省察的養育姿勢（reflective
parenting stance）を取り戻すきっかけになることが期待できる。『MBT-C
ガイド』（Midgley et al., 2017）によると，養育者の省察機能は子どもとのネ
ガティヴな相互交流を抑制すると言われており，それは学齢期の子どもたち
の心理的適応にとっても重要であるとされている。

　ケアワーカーが省察的養育姿勢を取り戻すことができれば，子どもに対す
る随伴的かつ適合的で有標的な感情ミラーリングが可能になる（表7.1，第1
章図1.1も参照）。このような感情ミラーリングを反復的に経験することで，
子どもたちは未分化な感情を分化させることができるようになる。養育者か
らのミラーリングを通して，まずは養育者に自分の感情を調整してもらう経
験を積み重ね，徐々に養育者の手を借りずに自己調整できるようになる。こ
れらのプロセスを通して，養育者と子どもとの愛着関係が育まれることも期
待できるだろう。このように養育者との安定的な関係が作られることや，安
心して暮らせる場が確保されることは，子どもにとってなにより治療的ない
となみとなり，ことさらな「心理治療」などを必要とせずに自然な形でトラ
ウマからの回復をもたらす場合もあるのではないかと考える。

表7.1　随伴的かつ適合的で有標的な感情ミラーリングのあり方

・養育者は，子どもの感情を部分的に，より強度を下げて映し返す。
・子どもの心の状態をかなり正確に映し返すような形で，そうする。（適合的）
・子どもの感情表出の後に，よいタイミングで，そうする。（随伴的）
・その感情（例えば恐れや苦痛）を認識しているが，養育者自身はそれを子どもと
　まったく同じように体験しているわけではないことを子どもに伝えるために，そ
　れに対して，例えば大げさな表情や発声という標識を付ける。

『MBT-C ガイド』p. 18 より一部改変

Ⅲ．ケアワーカー同席の心理療法におけるメンタライジング

　筆者は児童養護施設における心理療法の方法として，養育者であるケアワーカーが同席し，子ども・ケアワーカー・セラピストの 3 者で心理療法を行うスタイルを導入している。この心理療法の主な目的は，ケアワーカーと子どもの愛着関係づくりを支援することである。内容は社会福祉法人子どもの虐待防止センターの心理療法プログラム（西澤，2008）を参考に，施設で取り組める形にして実施しており，子どもが自由に遊びで表現するプレイセラピーとセラピストが意図的に行うトラウマワーク等の介入が混合されている。『MBT-C ガイド』によると，不適切な養育を受けた子どもは，象徴遊びをすることがより少なく，二者的遊びを自ら開始する可能性もより低いといわれており（Valentino et al., 2011），遊びのナラティヴを詳細化し完成させることも少ないという。実際にプレイセラピーに取り組む中で，遊びのナラティヴを展開できる子どもとそうでない子どもがいると感じている。

　ごっこ遊びやままごと遊びでナラティヴを展開できる子どもの場合は，自然にケアワーカーとの日常生活を再現し，経験を積み重ねることができる。そのやり取りの中には，共同注意や情動の共有，ネガティヴな情動のミラーリングなど，子どものメンタライジングの発達に有用なかかわりが含まれており，子どもの回復につながる。一方でごっこ遊びやままごと遊びでナラティヴを展開できない場合，その要因の一つに，その子が抱えている愛着トラウマが影響している可能性がある。子どもの抱える愛着トラウマをケアワーカーが体験的に理解して情動を共有し，共感的な気持ちがもてるようになることが省察的養育姿勢を取り戻すきっかけになるのではないかと考える。以下，事例をもとに考えてみたい（本章の事例は筆者の臨床経験に基づいて合成した事例であり，実際の子どもやケアワーカーを記述したものではない）。

事例 1．ヒロミ（9 歳女児）

　ヒロミの実母は精神疾患を患っており，ネグレクトを経験して施設に入所した。食事は一日一食ほどしかとれず，学校にもほとんど行けないような家庭状況だった。心理療法の中で，ヒロミはケアワーカーと一緒にぬい

ぐるみを使って家族ごっこを始めた。ヒロミは子イヌ，ケアワーカーは大人のイヌで2匹は母子ではないが一緒に暮らしているという。2匹は，大人イヌが作ったご飯を一緒に食べて，仲良くお風呂に入り，一緒に布団に入って眠った。寝る前には大人イヌが子イヌの大好きな絵本を読んであげる。朝，なかなか目覚めない子イヌは厳しめに起こされて「わかったよ～」と面倒くさそうに言いながらも，嬉しそうな様子で学校へ行く。帰宅すると自ら宿題を広げて取り組み，終わると「できたよ！」と大人イヌに嬉しそうに報告した。そしてまた美味しい夕飯を食べて……という日常が，数セッションにわたって繰り返された。ある日，セラピストが『帰る家のない赤ちゃんネコ』を登場させると，ヒロミは「かわいそう。うちらと一緒に暮らそう」と言って自分たちの家に招き入れた。「赤ちゃんはママと会えなくてきっと淋しいだろうね」というケアワーカーの言葉にヒロミも頷く。「この子（赤ちゃんネコ）は足を怪我しちゃったんだよ」とヒロミが言い，足を痛がるネコをケアワーカーと2人でなぐさめ励ましながら，丁寧なお世話を重ねた。2人のお世話の甲斐があり，無事にネコの足の怪我は回復した。

　ヒロミが実母と暮らしていた家では安定した暮らしができていたわけではない。遊びの中で展開した安全で安心な暮らしは，施設でいとなまれているケアワーカーとヒロミの生活が再現されたものだといえるだろう。ケアワーカーとヒロミは日々同じものを見て，食べて，寝て，起きて……繰り返される生活の中で2人は同じ体験を共有した。そこには，共同注意や情動の共有などの要素が多く含まれていたと思われる。また，セラピストの介入によって『孤独な赤ちゃん』というトラウマティックな存在が提示されると，ヒロミはそのテーマをしっかりと受け取り，「かわいそう」と共感して自分たちの家に招いた。トラウマティックなテーマでもスムーズに受け止めることができた背景には，ケアワーカーがそばにいて一緒にテーマを扱えるという構造がヒロミに大きな安心感を与えていたからではないかと考えられる。さらにヒロミは「（赤ちゃんは）足を怪我している」と表現した。このことは，不適切な養育の経験や，親と一緒に暮らせないという痛みを抱えたヒロミ自身が赤ちゃんネコに投影されたものと考えられた。よって，ケアワーカーか

らの「赤ちゃんはママと会えなくてきっと淋しいだろうね」という言葉がけ
は，ヒロミ自身の抱えるネガティヴな情動が有標的にミラーリングされる言
葉がけであったと考えられる。そしてヒロミはケアワーカーと一緒に赤ちゃ
んネコを丁寧にケアし，ネコは回復の経過を辿るが，これはヒロミ自身の心
の回復の経過を意味するのだと思われた。心理療法を通して，ヒロミはケア
ワーカーと協働でトラウマ体験に関するナラティヴをつくりあげることがで
きたといえる。この体験がヒロミの自己の統合につながることが期待される。

事例2．ミカ（7歳女児）

　ミカの主訴は，些細なことで怒って暴れてしまうということだった。ケ
アワーカーはミカとの関係が深まらないと感じており，ミカの心の内が
よくわからずどう関わればいいかわからずに困っていた。心理療法の初
回，ミカはケアワーカーとともにプレイルームを訪れるが，その手には学
校の宿題と筆記用具が入ったバッグをさげていた。セラピストとの挨拶も
そこそこに，棚の中のおもちゃには目もくれずテーブルに宿題を広げて取
り組み始める。セラピストとケアワーカーはミカが宿題を終えるまでそば
で見守るというスタートだった。2回目以降も，ぬいぐるみやミルク瓶な
どを触って興味を示すものの，ごっこ遊びには至らず，ミカは赤ちゃん人
形を手にすると，乱暴にミルク瓶を口に突っ込んだり，顔を手でつぶした
り，投げて足で踏みつけたりする。ケアワーカーが赤ちゃんを助けようと
するとそれを拒否し，さらにいじめる。ケアワーカーが，「そういえばミ
カちゃんは赤ちゃんの泣く声が嫌いだって言ってたね」と言うとそれに頷
く。セラピストが，「赤ちゃんは泣いてうるさいしね。いじめたくなっちゃ
うんだよね」と言うと，返事はしないが否定もしない。セッションを重ね
る中で，ミカは「うちは，体は子どもだけど，心の中は大人なんだ」と話
すことがあった。その後のセラピストとのコンサルテーションの中で，ケ
アワーカーが「赤ちゃんをいじめるミカを見て，この子はこれまで十分に
ケアされてこなかったのだと痛感しました。本当に気の毒だと思う」と，
ミカの境遇に深く共感を示す場面があった。セラピストは，ミカが話し
た「心の中が大人」な小熊を演じて，小熊は心が大人なために大人に甘え
られず，いろいろ我慢しすぎてストレスが溜まって暴れてしまう，という

ストーリーを展開する。ミカは，最初は暴れる小熊を怖がって逃げていた
が，ケアワーカーの後ろに隠れて守ってもらうようになり，暴れて泣いて
いる小熊をケアワーカーがなぐさめるのを許すようになった。また「大人
とちゃんと話をすればわかってくれるよ」と小熊を説得する場面もみられ
るようになった。こうした展開を経て，ミカの行動にも大きな変容がみら
れるようになり，生活の中で暴れることはほとんどなくなった。生活場面
で子どもらしく甘える姿が増えて，ケアワーカーとの関係も深まったと報
告された。

　ミカはごっこ遊びのナラティヴを展開できない子どもだった。初回面接で
は自ら宿題に取り組むことを通して「心は大人である自分」を表現したのだ
と考えられた。その後，赤ちゃん人形をいじめるという行為が繰り返され
た。ケアワーカーが助けようとしても「心が大人」である赤ちゃんはそれを
受け入れないため，セラピストは赤ちゃんを通してケア葛藤を表現している
ミカの気持ちをミラーリングした。ケア葛藤は乳幼児期に十分な養育を受け
られなかったことから満たされない依存欲求をもつことに起因して生じると
いわれており（Reder, Duncan & Gray,1993；Reder & Duncan, 1999），ケア
葛藤を示す子どもは愛着トラウマを抱えていることを示唆していると考えら
れる。ケアワーカーは心理療法に同席していたことで，ミカの愛着トラウマ
を体験的に受けとめることができ，これまでのミカの境遇に深く共感できた
のだと思われる。また，小熊という人形を通して客観的に体験できたことが，
ケアワーカーのメンタライジングが回復するきっかけとなったとも考えられ
る。セラピストはミカを投影した暴れる小熊を登場させて介入を行い，それ
を受けてミカは自身の愛着トラウマと向き合うこととなった。最初は怖がっ
ていたミカだったが，徐々にケアワーカーに助けられることを受け入れるよ
うになり，愛着トラウマにまつわるネガティヴな気持ちを調整してもらった。
「大人とちゃんと話をすればわかってくれるよ」というミカの言葉は，ケア
ワーカーに対する認識的信頼（Fonagy et al., 2014）が形成されてきたことの
表れだと思われた。ミカの情動の調整をとおして認識的信頼が形成されたケ
アワーカーは，言い方を替えればミカに愛着対象として認識されるように
なったともいえるのではないだろうか。

　2つの事例の基になった実践をしていた当時，筆者はメンタライジング理論を意識して心理療法を行っていたわけではない。しかし事例を振り返って分析してみると，メンタライジング理論の核となる要素が随所に散見され，子どもの回復に影響を及ぼしていることがわかる。メンタライジング理論は多様な治療現場に適合可能であり，異なる治療様式に適用できるといわれているが，自身の事例を通してそのことを実感することができた。愛着理論やトラウマ理論等と併せて理解し，子どものアセスメントや養育，そして心理治療的介入に用いることによって，児童養護の現場における子ども支援のあり方がさらに広がると思われる。

Ⅳ．今後の課題と展開の可能性

　メンタライジング理論は日本の社会的養護の現場において効果的に機能すると考えている。児童養護施設には心理職が配置されているため，心理職がメンタライジング理論を活用し，子どもの養育を担うケアワーカーをサポートすることが十分に可能である。まずは心理教育や研修を通して，ケアワーカーがメンタライジング理論をしっかり理解できるようなサポートが必要だろう。加えて，ケアワーカーと個別的なコンサルテーションを重ねることで，ケアワーカーの省察的養育姿勢をさらに促すことができるだろう。社会的養護の枠組みでは，子どもは既に虐待環境から抜け出し，安全で安心な環境で暮らすことができている。そして養育を担うケアワーカーは保育士や児童指導員などの専門職である。専門職であってもトラウマを抱えた子どもと関わることで，容易に非メンタライジング的悪循環に陥る可能性が高いが，ケアワーカー自身がメンタライジング理論を理解して省察的養育姿勢を保てるようになれば，子どもの回復と成長発達を支える環境はより治療的なものになるだろう。心理職がメンタライジング理論を取り入れた心理療法実践に取り組むことによって，治療的効果はさらに高まると思われる。施設と同様に，里親家庭や特別養子縁組家庭においてもメンタライジング理論を活用できる可能性は高いと思われる。児童相談所，里親支援機関，児童（子ども）家庭支援センターなどの地域の専門機関においてもメンタライジング理論を活用

した支援が展開されることを期待したい。

文　献

崔炯仁（2016）メンタライゼーションでガイドする外傷的育ちの克服. 星和書店.

Fonagy, P., & Allison, E.（2014）The role of mentalizing and epistemic trust in the therapeutic relationship. *Psychotherapy, 51,* 372-380.

Midgley, N., Ensink, K., Lindqvist, K., Malberg, N., Muller, N.（2017）*Mentalization-based treatment for children. A Time-limited approach.* American Psychological Association. 上地雄一郎・西村馨監訳（2021）メンタライジングによる子どもと親への支援——時間制限式MBT-Cのガイド. 北大路書房.

楢原真也（2015）子ども虐待と治療的養育. 児童養護施設におけるライフストーリーワークの展開. 金剛出版.

西澤哲（2008）幼児期後期から学童期の子どもの愛着とトラウマに焦点を当てた心理療法. トラウマティック・ストレス, 6(1)；24-32.

児童養護における養育のあり方に関する特別委員会（2008）この子を受け止めて，育むために. 育てる・育ちあういとなみ. 全国児童養護施設協議会.

Trieschman, A. E., Whittaker, J. K., and Brendtro, L. K.（1969）*The other 23 hours: Child-care worker with emotionally disturbed children in a therapeutic milieu.* New York: Aldine. 西澤哲訳（1992）生活の中の治療. 中央法規出版.

Reder, P., Duncan, S., and Gray, M.（1993）*Beyond Blame: Child Abuse Tragedies Revisited.* London: Routledge.

Reder, P., Duncan, S.（1999）*Lost innocents: A follow-up study of fatal child abuse.* 小林美智子・西澤哲監訳（2005）子どもが虐待で死ぬとき——虐待死亡事例の分析. 明石書店.

Valentino, K., Cicchetti, D., Toth, S. L., & Rogosch, F. A.（2011）Mother-child play and maltreatment: A longitudinal analysis of emerging social behavior from infancy to toddlerhood. *Developmental Psychology, 47,* 1280-1294.

第**8**章

スクールカウンセリングにおける
自傷行為をする生徒への支援

若井裕子

　本章では，自傷する生徒への対応を，メンタライジング（以下，MZと表記する）・アプローチの視点と，スクールカウンセラー（SC）としての筆者の経験から考察する。なお，支援の経過は，初期，中期，後期の３つに分けて考察する。

Ⅰ．初　期

　ある日，ユカが「ガーゼをください」と保健室を訪れた。ユカは，ガーゼが必要な理由をなかなか言わなかったが，最終的に自傷していることを認めた。そして，養護教諭がSC面談を促したところ，「何も悩んでいない」と言いつつも，渋々応じ，SC面談を開始することになった。

【援助希求能力の低さに対する理解】
　希死念慮や行動化がある人に支援する際，意識すべき重要なことの１つが援助希求能力の低さである。筆者が出会ったある女子中学生（希死念慮や行動化があった生徒）は，「自分で何とかするか，あきらめるかの二択しかない」と語った（若井，2021）。困ったことがあっても助けを求めることに抵抗感があり，自分だけで何とかしようとするからこそ，行動化するともいえる。ユカのように行動化を隠したいのか見つけてほしいのかわからない言動

を取る生徒は，誰かに支援してほしいけれど，人に明確に助けを求めること
は怖くて仕方ない生徒だと思われ，「怖がらせないように」配慮して支援を
する必要があるだろう。

初めて来談したユカは，自分からはあまり話さず，聞かれたことにだけ
答えた。しばらく雑談した後，SCが「先生に聞いたんだけど，切っちゃっ
たの？　大丈夫？」と問うと，「ちょっと興味があっただけ」と言い，悩
んでいる素振りは見せない。「何かきっかけがあった？　困ったことと
か，嫌なこととか……？」と聞いても，「みんながやっているから」と答え，
それ以上のコミュニケーションを拒否しているようだった。そのため，SC
は「悩んでいなくても，時々，話しにおいでよ」と伝え，継続面談するこ
との同意を一応得た。
　教員に促され，ユカはその後も2回来談し，好きなアイドルの話など，
雑談には楽しそうに応じてくれるようになった。しかし，「その時はどん
な気持ちだったの？」というようにMZを促すための介入をすると，「あま
り覚えていない」などと答え，うまくMZできないようだった。

【まずは薄くても繋がる】
　ユカのように，悩んでいる素振りを見せず，自分からは行動化したことを
話さない生徒が少なくないので，あらかじめ教員からSCに情報を伝える許
可を得ておくと支援に入りやすい。なお，自傷について尋ねる際は，クライ
アント（以下Cl）が"批判されている"と感じない配慮が必要だろう。たと
えば，「切っちゃったの？」と尋ねる前後に，「ごめんね，全く悪気のない質
問だから誤解しないでほしいんだけど，いい？」というように尋ねる許可を
得たり，「大丈夫？」と追加したりすると，心配しているというニュアンス
が伝わりやすくなるだろう。支援経過が進んだ中期や後期であれば，悪意の
ないやり取りにClがつまずくことを取りあげることに意義が出てくること
もあるが，最初の目標は，支援を継続できるように"まずは薄くても繋がる
こと"なので，Clがつまずきそうなやり取りには工夫が求められる。
　また，ユカのような事例では，初期に情緒的な繋がりを持つことが困難
な印象があり，MZを促してもできないことが多い。そのため，筆者の場合，

初期にはあまりMZを促さず，Clの好む話題に応じたり，Clの困り事を教員に代弁したり環境調整を促したりなどの道具的サポートをすることで信頼関係を形成している。

> 教員によると，ユカの父は日常的に妻（母）や娘（ユカ）に対して暴言や暴力を振るい，ユカが小学校低学年の時に離婚した。その後，母は家庭を有する男性との間に2人の子どもを授かった。現在も母とその男性の交際は続いている。家庭では，ユカがきょうだいの世話や家事の多くを担っている。学校は児相と共に経過観察しているとのことであった。

【見立ての困難さ】

ユカの成育歴には，身体的・心理的虐待や喪失体験（父親との別離）に加えて，親子役割の逆転（ヤングケアラー）やネグレクトもあり，深刻な愛着トラウマを有している可能性が高かった。自傷している生徒は，こちらが重要だと感じる情報を話してくれなかったり，しんどさを表現できなかったりすることが相対的に多い。また，日常生活が安定しているように見えても急に危険な行動化をすることがある。そのため，Clの表情や発言から自死を含むリスクが高くないように思われても，教員などからの情報を優先して見立てをする方が正確な見立てができる。

II. 中　期

人を信じることができないような環境で育ってきたClと，明確な信頼関係を築くことは困難かもしれない。しかし，道具的サポートを提供したり，雑談などによって楽しい時間を共有したりすることを繰り返し，ある程度，SCがClにとって「便利な人」として認識されると，「困ったことがあったら一応SCに聞いてみよう」と思ってもらえる可能性が高くなっている。このような関係を築けたとしたら，中期であり，SCはClと行動化の減少などの目標（目指す方向性）を設定したり，初期よりも頻繁にMZを促す介入をしたりすることが可能になってくる。

　ある日，ユカが授業を抜け出してトイレで自傷していたこと，教員がクラスの生徒全体に対して行った些細な指導がプレッシャーになったようだとの情報が寄せられた。そこで，SCは，「先生から聞いたんだけど，大変だったみたいだね？　切っちゃったみたいだけど，大丈夫？」と自傷について取り上げた。すると，今まではあまり感情を見せなかったユカが，教員に対する怒りや不満を語り始めた。しかし，ユカが話す内容は怒っているためか文脈がよくわからない。そのため，SCはわからない部分はわからないままにして話を聴き，ユカがひと通り語り終わってから，「ごめん，さっき〇〇って言っていた部分，もう少し教えてくれる？」というように状況を整理した。また，SCはユカが語ったことを取りあげながら，「その時，どう思ったの？」とMZを促す質問を挟んでみたが，ユカはうまく語れず，怒りが極端に強そうな様子だった。そのため，その後は「それは腹が立つよね」というように共感的承認（第2章参照）やミラーリングで応じるに留め，MZを促すことは中断した。そして，面談の終盤では，「今日は言いにくい気持ちを話してくれてありがとう。嬉しかったよ」と伝えた。

【曖昧さ耐性】

　MZアプローチでは，Clが語った内容を時系列で整理したり，その時の自分や他者の言動の背景にある心理的側面に焦点を当てたりする。その際，支援者が質問することも多い。SCが口を挟んでも語り続けることができるClの場合は，ある程度聞いた時点で質問するなどして整理するのも1つのやり方だが，筆者の場合，まずはひと通り聴くようにしている。そうすると，何が言いたいのかわからなくなることも珍しくない。そのため，ひと通りClが語った後に，無知の姿勢（第2章参照）や質問によって状況を整理したり，MZを促したりする。しかし，それでもわからないことはわからないまま受け止める，すなわち曖昧さ耐性をもつことも必要だろう（上地，2015）。

　次の面談でもユカは教員に対する怒りを語った。SCはユカの話に共感しようと思うのだが，なぜユカがそこまで強い怒りを持つのか感覚的には共感しきれずにいた。そこで，「すごく怒っているんだなというのは伝わってきたんだけど……ごめんね。ユカさんがそこまで怒るのがなぜなのか，

あまりわからないところがあるなぁ……。でも，きっと理由があるんでしょ？　それは何だろう？」と質問した。すると，ユカは教師のあるべき姿を語り，その教員はそれに達していないと語った。SCは興奮して語るユカに圧倒され，反論したい気持ちにもなったが，その教員が多くの生徒に慕われており，ユカも従来はその教員に好意を寄せていたことを思うと，ユカに「正論」を伝えることよりも，ユカの語りの背景にある心情に焦点を当てることの方が有益だと感じた。そして，ユカがひと通り語り終えてから，「もしかして，もともとユカさんはその先生のことを信頼していたのかな？」と聞いた。するとユカはややトーンを落として，「その先生は結構生徒から人気があるんだよ」と言った。そこでSCは「そっかぁ。ユカさんはその先生に対してどんな気持ちを持っているの？」と聞いた。するとユカは「わからない」と答えたので，SCは「何か裏切られた感じ？」と聞いたところ「そうかも」とユカは答えた。

【覚醒水準の調整】

Clの成育歴に，虐待など理不尽に扱われた経験が多いときは怒りが話題になりやすく，「怒り」について語る際は覚醒水準が高まる印象がある。覚醒水準があまりにも高いと，心身共に健康な人でもうまくMZできなくなるものだが，トラウマがあるとそれほど高い覚醒水準でなくてもMZする力が崩れ始めることが指摘されている（Mayes, 2000；第1章参照）。そのため，Clの覚醒水準の調整が必要だろう。

【支援者のメンタライジング】

自傷する生徒の成育歴には，虐待や不安定な家庭状況，あるいは，大切なものや人を喪失した体験，被いじめ体験，性被害，自尊感情や自己有能感が極端に傷つけられる状況（たとえば，発達障害があったり性的マイノリティであったりすること）などがあるように思われる。そして，そのような成育歴や状況があると，制御困難な強い「怒り」や「許し（許せない）」，援助希求能力に関連した「頼れないこと」「孤独感」，理想的な家庭への憧れに関連した「家族」といった話題を扱うことが多いように思う。

文脈にそぐわない強い反応は，本人がうまく言葉にできなくても本人な

りの文脈（ストーリー）があり，その文脈は成育歴を鑑みると想定できることも少なくない。ユカの場合，理想的な父親像を持っていた教員による叱責を，父親から受けた虐待経験と重ね怒りが触発されたようであった。また，「怒り」の背景には，本来なら自分を守り，愛し，育んでくれるべき家族像（父親）を重ねていた教員から「裏切られた」という思いがあり，「怒り」以外にも，「家族」や「愛」がテーマになっていたようである。このように，MZアプローチを実施する際，支援者はClよりも多角的に深くMZできる必要があるだろう。

　また，文脈にそぐわない強い反応を示した際，筆者はClの反応（覚醒水準の高低を含む）を見てClが扱えそうだと判断した場合は，できるだけ率直にそれを話題として扱っている。なお，筆者の場合，ClのMZを促すために筆者がMZしたことを伝え，それをきっかけとしてさらにMZを促す介入をすることがあるが，自分のMZしたことを押しつけないように気をつけている。たとえば，「もしかして〜かな？」と控えめに伝えたり，「今のユカさんの話を聞いて思ったんだけど，違ったら教えてね」と前置きをしたうえで伝えたりと，断定的に伝えない配慮が必要だろう。

　さらに，支援者がMZしたことの全てをClに伝えるのではなく，Clが「そうかも」と納得できる水準に留めるようにしている。筆者の場合，「その時，どう思ったの？」というように，まずはオープン・クエスチョンで尋ね，答えられない場合のみ，「裏切られた感じ？」というようにクローズドの質問をすることが多い。そして，Clが同意したときは，さらに「裏切られた感じだとしたら，それはどうしてそう思うのかな。何か思いつくことある？」というように，その感情をさらにMZするように導くと，そこから先は語れることもある。なお，クローズドの質問の際は「それとも……」というように，2〜3の選択肢から選べるような聞き方をすることもある。

　SCはいつものように，「調子どう？」との問いかけから面談を開始した。いつものユカは「元気」と答えていたが，その日のユカは「まぁまぁかな」と答えた。SCが「そっかぁ。まぁまぁっていうのは，もしかして何か困ったことがあったってこと？」と聞くと，ユカは「リスカがママにばれた」と答えた。SCは「どういうこと？」と尋ねるなどして，状況の確認をし

た後，「ばれてどうなったの？」と聞いたところ，「別に」との応答だった。

　SCはユカがそれ以上語ることを拒否しているように感じたが，「別についてどういう感じかなぁ」とやや控えめにMZを促した。すると，ユカは「（母親は）何事もなかったかのように普通だった」ことを少しずつ語った。そして，SCがさらに「どう思った？」と聞いたところ，ユカは「私に興味がないことがはっきりしただけ」と答えた。SCが，「それって，すごくつらくない？」と聞いたところ，ユカは「前から知っていたけど，じゃあ産まなければよかったのに」と涙をにじませた。SCが「どういうこと？」と問うと，ユカは親の自分に対する態度が冷たいこと，家事が大変なことを短文で語った。

【安心基地や代理愛着対象としてのSC】

　カウンセリング過程が進行すると，カウンセラーはClの安心基地（安全基地）や代理愛着対象のような存在になりうる。認識的信頼が築かれ始めたともいえる。そして，そのような段階では自然と愛着に関する話題が出てくる印象がある。ユカの場合，「リスカがママにばれた」ことが主訴ではあったが，その主訴を掘り下げていくと，自傷が必要なほどのストレス状況，心理的にも物理的にも親として機能してくれない母，自分の存在の否定など，とても深刻な内容があった。

　なお，自傷や自分の存在を否定する話題が出た際は，面談で積極的に自死を話題にし，自死リスクの見立てに必要な情報を得る必要がある。たとえば，希死念慮や自死企図の有無，計画性の明確さなどである。なお，子どもの自死についての理解を深めるには他の書籍（たとえば，傳田，2018）を参考にされたい。

　「もしかして，死にたいなって思うことある？」と希死念慮について聞いた。するとユカは，「毎日消えてしまいたいと思っている」と答えた。そのため，SCは「もしかして実際に消えようとしたことある？」と自死企図の有無を確認した。すると過去に家出をしたこと，その時には死にきれなかったことを話した。SCは「よく生き延びてくれたね。私はユカさんが生きていてくれて本当に嬉しいよ」と言葉を絞り出し，「今度から，

消えてしまいたいと思った時とか，もう消えてしまおうと思った時，何とか生き延びる方法を一緒に考えない？」とこれからのSC面談の目標を提案した。ユカは「うん。死んだらダメだとは思っているから」と同意した。

【支援者の一貫性】

多くのClは，行動化はよくない行為でやめるべきだと思っている。そのため，筆者は何らかのトラブルが起こった時は，ClとSCで行動化の減少に向けた目標を設定する良い機会だと思う。しかし，そこまで到達するには，SCが薄く繋がっている初期や，やや繋がりが深くなった中期において，一貫して安心・安全な存在であり続けることが重要になる。

筆者は，かつて獲得安定型や修正愛着体験について研究していた。愛着には4つのスタイルがあることが知られており，幼少期に形成されたそれらのスタイルは，生涯を通してあまり変化しない。しかし，幼少期に不安定な愛着スタイルを有していたにもかかわらず，安定型愛着スタイルに変化する人も少数だが存在し，それらの人々は獲得安定型と言われている（Pearson et al., 1994）。筆者はレジリエンスについて研究する過程で，幼少期に虐待を受けるなど劣悪な環境で育ったにもかかわらず，心身共に健康な人に着目した。そして，それらの人々は獲得安定型であり，養育者以外の第三者との間で不安定な愛着スタイルが修正される体験，つまり修正愛着体験をしたのではないかと考えた。そして，その研究過程（澁江・葛西，2012）で，重篤な被虐待経験がありとても大きな問題行動を起こしていたある児童のレジリエンスには，ある支援者の一貫した支援や愛情が影響していたことが示唆された。どんな養育者でも子どもへの対応にブレや揺れはあるが，愛着トラウマを有する子どもは，同じことをしてもある時は怒られ，ある時は褒められるというように，より一貫性の少ない養育者のもとで育っていると考えられる。そのため，愛着トラウマを有するClに支援する際は，安定した養育者が取るような態度を一貫して保つことで，「きっとこの人なら受け止めてくれるだろう」とClが見通しを持てるようにすることが必要だろう。

Ⅲ．後　期

　ユカは「私って，よく友達に強いねって言われる」，「何でも自分でや
ろうとするらしい。『もっと周りに甘えたらいいのに』って言われる」と
涙をにじませた。SCは少し沈黙のまま待ったあと，「何かしんどそうだ
ね」と声をかけたところ，ユカは「私は人に頼ることができない」と言っ
た。SCは「人に頼れないのには，きっと何か理由があるよね。何だろう
ね」とMZを促した。すると，ユカは親から受けた虐待行為やその時の恐
怖・怒りなどを少しずつ語った。SCは，ユカがひと通り語ったりMZした
りした後，「本来なら一番自分を守ってくれるはずの人に守ってもらえな
かったし，頼れなかったんだもんね。頼るのがこわいのは当然だよね。ユ
カさんの責任じゃないのにね」というように，虐待を受けた人がなぜ人に
頼ることが苦手なのかについて情報提供（心理教育）し，雑談をしてから
面談を終えた。

　中期には，Clが自発的に自分の置かれている家庭環境やそれへの不満な
どを語ることが増え，SCのMZを促す介入にも応答できるようになってく
る。そして，後期にはMZを促す介入にあまり工夫がいらなくなり，Clが自
発的にMZする姿も生じてくる。なお，ClがMZできるようになってくると，
自傷，家出，オーバードーズ，自死企図などの行動化は減少し，それ以外の
方法で問題に取り組もうとする姿が生じてくる。そして，自分の性格につい
て触れながら援助希求能力に関して語る姿が生じてくるように思う。この時
期になると，SCはClと情緒的な関わりをもつことが可能になっていると思
われ，温かく，大きな許容量をもった母親のような存在として，そして，時
には，仲の良いきょうだいや親友のような存在として，Clに寄り添うこと
が求められるだろう。Clの言葉（表現）を用いながら心理教育することも有
効だと思われる。

Ⅳ．おわりに

虐待死や残虐な殺人などが起こると，その加害者の成育歴に虐待があった
と報じられることがある。被虐待歴が，非行，非社会的態度，精神疾患など
に影響を与えるのは事実であろう。しかし，ネガティブな家庭環境で育った
にもかかわらず健全に生活できている人も存在し，それらの人々が特別で稀
有な存在だとは思わない。虐待などを受けて育った人でも，人生のどこかの
段階で信頼できる人に出会えたとすれば，人生はより良いものにできると信
じている。その人が受けた傷が大きすぎる場合は，自分の関わりが実を結ぶ
ところまでいかないかもしれないが，自分だけでその人が負った全ての傷を
癒やす必要はない。そのClがその後の人生で出会う誰かとの間で実を結ん
でくれることを信じて，種をまくための土壌作りをするかのような心構えで
良いように思う。このように，気負い過ぎずに，でも臨床家として，一貫し
て精一杯支援することが大切だと筆者は考えている。

文　献

傳田健三（2018）なぜ子どもは自殺するのか——その実態とエビデンスに基づく予防戦
　略．新興医学出版社．
Joiner, T. E., Van Orden, K. A., Witte, T. K., & Rudd, M. D.（2009）*The interpersonal theory
　of suicide: Guidance for working with suicidal clients.* Washington DC. London: American
　Psychological Association.
上地雄一郎（2015）メンタライジング・アプローチ入門——愛着理論を生かす心理療法．
　北大路書房．
Mayes, L. C.（2000）A developmental perspective on the regulation of arousal states. *Seminars
　in Perinatology, 24*(4), 267-279.
Pearson, J. L., Cohn, D. A., Cowan, P. A., & Cowan, C. P.（1994）Earned-and continuous-se-
　curity in adult attachment: relation to depressive symptomatology and parenting style.
　Development & Psychology, 6, 359-373.
澁江裕子・葛西真記子（2012）心的外傷体験をもつ女児の教育場面におけるレジリエンス
　とアタッチメントの検討——書籍の会話分析を通して．教育実践学論集，*13,* 75-89．
若井裕子（2021）虐待環境で育ち希死念慮がある女子中学生へのスクールカウンセリン
　グ．心理臨床学研究，*39*(3), 233-243．

第9章

小学校特別支援教室でのチーム支援

田口春佳

I. はじめに

　ここでは「メンタライジング」という子どもの心の成長を促す考え方や手法を小学校の少人数教室（特別支援教室）で取り入れてみた／やってみた，ということ，そして私の感じたままを報告させていただく。小学校の一教員が，メンタライジングのことを少しばかり勉強し，手探り状態で実践してみているという報告が，メンタライジングという技法の懐の深さの証明，そしてこれを読んでくださる方への勇気につながることを願っている。

II.「メンタライジング」を促す授業・課題設定
——授業リーダーとして

1.「気持ちの泡」

　もともとは私の所属しているグループスーパービジョンのメンバーが提案してくれた心理教育ツールのうちの１つであった。それを，子どもたちが楽しく活動できるようにアレンジを加えてみた（図9.1）。自分の中にある，自分の知っている「気持ちの言葉」を書き出してみる，という作業がメインの課題である。子どもたちには「色々な気持ちがあることに気付いたり，自分の考え方や感じ方に目を向けたりすることが，自分の気持ちとうまく付き合

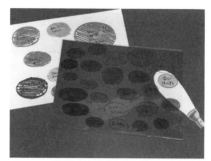

図9.1 「気持ちの泡」

う力のレベルアップになるんだよ」と伝えてから行った。

　まず「気持ち」にスポットライトを当てる練習として，「出来事」があって→何かの「気持ち」が生まれて→「体の変化」が起こる，という一連の流れを追ってみることをした（図9.2）。この「気持ち」の部分を子どもたちから出させることで，気持ちにスポットライトを当てるやり方を学んでもらう。そして，今からこういう部分（「気持ち」）を書き出す作業をするのだ，というイメージをもってもらう。それからいよいよ「気持ちの泡」の作業に取り掛かる。

　透明のOPP袋をA4用紙の大きさに切って，1辺を残して他は開くようにした。その間に黒い画用紙を挟み，さらにそこに白い画用紙でできたスポットライトを挟むと気持ちの言葉・色が浮き出て見えるようになっている（図9.3）。このときに，気持ちの言葉（「楽しい」「悲しい」など）から書き出しても良いし，色塗り（「なんとなく赤色のイメージの気持ち」「青色っぽい気持ち」など）から始めても良い。

　できあがった「気持ちの泡」を使って，ワークをしてみた。「もうすぐプールの授業が始まるけど，どんな気持ち？」「来年中学生になるけど，どんな気持ち？」など「……のときって，どんな気持ち？」の問いかけをする。それぞれが自分の手元の「気持ちの泡」を画用紙のスポットライトで照らしながら，考える。スポットライトで照らした気持ちの言葉をお互い見せ合うこともした。

　小学校中学年〜高学年の子どもたちとこの実践を行ってみた（おそらく，ある程度語彙が増えてきた年齢で行うのが望ましいだろう）。興味深かった

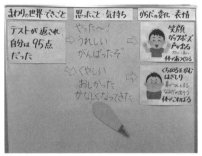

図9.2 出来事→気持ち→体の変化の流れ

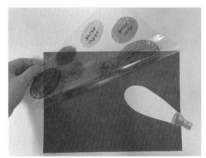

図9.3 気持ちの泡とスポットライト

のは，中学年の子どもたちは色塗りから始めその色に当てはまる言葉を書い
ていくと進めたのに対して，高学年の子どもたちはまず気持ちの言葉を書い
てからその言葉に合う色を塗っていったという点だ。中学年の子たちは「気
持ち」が感覚的なものなのに対して，高学年の子たちは「気持ち」がある程
度認知的なものになっているのかもしれない。

　また，中学年の子どもたちはこの学習中，常にもぞもぞと身体の一部が動
いており，中にはいつもよりも動きがオーバーになっている子もいた。私が
グループスーパービジョンを受けている，Holly先生はその様子を見て「メ
ンタライズが身体の中にある」と表現された。この取り組みは，中学年の子
どもたちにはやや認知的すぎ，もう少し「身体にしゃべらせる」課題設定に
変えていく必要を感じた。明示的メンタライジングはまだ中学年の子どもた
ちには難しい。黙示的メンタライジングを大切に扱いながら，ゆっくりと進
めていき，明示的メンタライジングへと発展させていく段階の重要性を認識

した。

　ただし，一概にこの取り組みが時期尚早で実りがなかったかというと，そうではない。特に「……のときって，どんな気持ち？」のワークのとき，安全な枠の中で，それぞれが自分の気持ちに向き合えていた。さらに，自分の気持ちをチームメイトに共有（見せ合い）をすることで，「この小集団のグループには色々な気持ちがある」ということを子どもたち自身が実感することができた。これはグループとしてメンタライジングの取り組みをする上で，大きな礎となった。

　この文章を書いている現在，「気持ちの泡」を作ってから半年以上経つが，子どもたちはときどき「気持ちの泡」にスポットライトを当て，自分の体験した感情を確かめていることがある。

2.「気持ち当てクイズ」

　「気持ちの泡」の取り組みの反省から行った実践である。まだ明示的なメンタライジングが難しく，身体の中にメンタライジングがある状態の小学生に，「身体に気持ちをしゃべらせる」ことを目的として行った。

　誰か一人がポーズをして「どんな気持ちだろう？」とクイズにする活動である。さらにそれを「そんな気持ちになるときって，どんなときだろう？」と日常の場面に押し広げていく。

　まずは教師がガッツポーズをした。それに対して子どもたちは「よっしゃー！って感じ」「うれしい気持ち」など答えた。私が「よっしゃー！とか，うれしい気持ちのときって，どんなとき？」と尋ねると「おいしいものを食べるとき。アイスとか，ステーキとか」「強い相手のいるチームに，試合で勝てたとき」など，子どもたちなりに自分の生活を振り返って言語化することができていた。

　今度は子どもたちにも出題者になってもらった。出題者になった子は，手を握りしめ，口を尖らせ，鼻息荒く地面をふんふんと踏んだ。「怒ってる気持ち」「ムカついてるんだと思う」など，それを見た子どもたちが答える。「正解！」と出題者の子が言うと，ふっとその場の空気が和んだ感じがした。「怒っている身体」の登場に，その場のみんながどことなく緊張していたと

いうことが分かる。「勉強中，うるさくされた」「ゲームを奪われた」「プリンを食べられた！」など，ユーモアたっぷりに「こんなとき」を子どもたちは語った。

　この取り組みに二重のことが起こっている，と感じる。「身体に気持ちをしゃべらせてそれを当てっこする」という明示的メンタライズの次元と，「その場にかりそめでも起こった身体・感情に反応してしまう」という黙示的メンタライズの次元だ。そして，この黙示的メンタライジングの部分が勝ってきた瞬間があった。それは，チームメイトの一人が浮かない顔をし始めたときにあった。そんな中でも明示的な部分が進行する状況に「エレファント・イン・ザ・ルーム」の言葉（注：「部屋の中の象」，すなわち，プリテンド・モードが起こっている状態の意味）が頭をよぎった。そこで「チャレンジ」をこのグループにしてみようと思った。「みんな，今，彼はクイズを出しているわけじゃないけど，様子からこんな気持ちって伝わってくる人いる？」。黙示的メンタライジングとして行われている部分を，明示的メンタライジングにしてみようと思ったのだ。子どもたちの顔つきが変わり，真剣な眼差しで「だるいんじゃないかな」「やりたくないんじゃないかな」と答える。「……正解」と浮かない顔をしていた彼は答えた。

　「身体に気持ちをしゃべらせる」ことを目的とした「気持ち当てクイズ」の取り組みは，黙示的メンタライジングの次元と明示的メンタライジングの次元が常に並走している感覚を生んだ。「怒ってる身体」の再現のあとに，やけにユーモアにあふれた「こんなとき」が語られたところからもそれを感じられた。子どもたちの中で，明示的メンタライジングと黙示的メンタライジングが戦い，どちらを表に出すか葛藤している様子が感じられた。この感覚を試みに「波打ち際」と呼んでみたい。「波打ち際」に立たされたとき，授業の足もとをすくわれるような感覚があった。授業の枠を失った教室は，一体どうなってしまうのだろう，と足がすくんだ。「波打ち際」の感覚は次の課題で変化した。

3.「どうしてそれを選んだのでショー」

　友達（や先生）の思っていることや気持ちを想像して言葉にしてみること，

そして，逆に想像してもらう立場になってその時間を味わってみることを目的として行った。子どもたちにも，そのことを伝えてから活動に入った。

床に，10 ～ 12 枚程度のポストカードを散らしておく。「選ぶ役」の人がその中から 1 枚選び，椅子に座る。他の人たちは「想像する役」になって，「どうしてそのポストカードを選んだのか」思いを巡らし，「選ぶ役」の人に伝える。全員が伝え終わったところで「選ぶ役」の人が，このポストカードを選んだ理由，思いなどを全員に伝える。最後に，「想像する役」の人たちが「選ぶ役」の話した理由や思いに対してコメントをする。これを全員が「選ぶ役」を体験できるように何度か行うというものである。

今回は，ポストカードの他にもグッズを用いた。「選ぶ役」の「思い」を想像するということを分かりやすくするために，吹き出しを作った（図9.4）。「この吹き出しの部分を想像するんだよ。」と子どもたちに伝えた。

また，最後のコメントのところでも，子どもたちが主体性をもって自分の思いを「選ぶ役」に伝えるために，手持ち札も作成した（図9.5）。

はじめに教師がお手本をして見せた。すると子どもたちは「やってみたい！」「早くやりたい！」と前のめりであった。「選んでみたい」「自分の選んだものをみんなに見てもらいたい」「なんで選んだかみんなに言ってもらいたい」「札でコメントしてみたい」……そんな子どもたち（あるいは，大人たち）の気持ちをひしひしと感じた。それは「自分の思っていることを，誰かに，ああじゃないかこうじゃないかって想像してもらうのってなんだか特別な気持ちになるよね」ということを思い出させてくれた。実際，そのとき，教室中がワクワクした気分で満たされていた。

誰から「選ぶ役」をやろうか？　と子どもたちに呼びかけると，全員が手を挙げた。相談して決めてごらん，全員やってもらうからね，と伝えると子どもたちはうまく話し合い，「選ぶ役」の順番を決めた。

1 枚の絵を選んで持ち，反対の手には吹き出しの札を持って椅子に座る。「選ぶ役」の子は，カラフルなシリアルと牛乳が描かれた絵を選んだ。「想像する役」の子どもたちや教師は「それが好きで，今も食べたいんじゃない？」「おいしそうだと思ったんじゃないかな」「朝食べてきたんじゃないかな」と伝えた。「選ぶ役」の子が「○○先生，正解！　見てたら，なんかおいしそうって思った」と嬉しそうに答える。そして，「想像する役」だった人たち

図9.4　吹き出し

図9.5　手持ち札

がどの札でコメントしようか，悩みながら挙げる。「いいね！」「同じ気持ち」など……。そこで，補助の教師（「〇〇先生」）が「その他」の札を挙げてコメントする。「私の言ったことと同じだって言ってくれたのが，なんか気持ちが通じたみたいで，嬉しかったです」。それに対して「選ぶ役」の子は「いいね！」の札をすっと見せた。

　この活動中は「気持ち当てクイズ」で感じたような「波打ち際感」はほとんど感じられなかった。お互いが，安全に，少し照れくさいながらも思いや気持ちを伝えあっていた。授業の終わりの振り返りで，どう感じたかを子どもたちに聞いてみると「緊張した！」と返ってきた。そこでハッとさせられた。自分の思いや気持ちを誰かに想像されることは，嬉しく温かい気持ちになると同時に，どこかドキドキする，肩に力が入るような緊張感を伴うものだということを。このグループの子どもたちは常に明示的なメンタライジング（選んだ思いを想像する，それに対してコメントする）をしつつも，黙示

的なメンタライジング（気持ちを想像されることに対する緊張感）を味わっていたのだ。最後にそれを「緊張した！」と言語化することに成功している。

4. 補助の教師との連携

「どうしてこれを選んだのでショー」で補助の教師の活躍に触れたが，どの取り組みに関しても補助の教師の存在は欠かせない。特別支援教室での取り組みはチーム・ティーチングが基本である。

実はこのチーム・ティーチングが大きな武器である。それは，子どもたちに，教師が子どもたちをどう思っているかということを，他の教師と連携して伝えることができるからだ。どういうことなのか，具体例を挙げてお伝えする。

授業中，Ａくんが机に伏せている。それを見たＡくんの横に座る○○先生が言う。「Ａくんがなんだか元気なさそうに見えます。どうしたんでしょう」。それを聞いた私が言う。「本当だ。Ａくん，どうしたのかな。心配ですね」。Ａくんの耳には，先生たちが僕のことを心配している，ということが聞こえている。

また，他の場面ではこうだ。図工の制作を終えたＢくんの背中で私が言う。「△△先生，作業中のＢくんの顔を見ましたか。すごく真剣で，一生懸命だった」。Ｂくんの横の△△先生が言う。「はい，見ましたよ。とってもかっこよかったですね」「全然ダメだって言ってたけど，作業中はよく集中していて，いいもの作るぞ！って一生懸命取り組んでましたよね」。Ｂくんは，さっきまでは粘土が思い通りの形にならなかったことに泣きべそをかいていたが，今は自信満々で廊下を歩いている。

教師が複数いる，ということは，教師が一人ひとりのことをどう思っているかを子どもたちに知ってもらえる機会をたくさん作ることができる，ということなのだ。「Ａくんってこんな子だよね（と先生たちは思っている）」をＡくんが知る機会を作ることができる。これはまさに認識的信頼を育むことに直結している。

チーム・ティーチングにおいて，リーダー役の教師は基本的に全体を流す役割になる。活動の枠組みを作るというのが大きな仕事である。子ども一人

だけに注目するのではなく，あくまで全体の活動を流すために，段取りや全体の雰囲気に重きを置く必要があるとされている。役割分担をして，Ａくんを主にみるのは○○先生，Ｂくんを主にみるのは△△先生，私は全体を流す，と分担するのも大事なことだ。しかし分担して終わりではもったいない。少し視点をずらして「前に立っている教師」と「子どもの横に座る教師」と立ち位置の違いを利用すると，私たちはあなたのことをこう思っているよ，ということを教師同士の会話の中で伝えられるのだ。

Ⅲ．「メンタライジング」にまつわる授業をやってみて

　まだこのような取り組みを始めて間もないが，いくつか言えることがありそうなので，お伝えする。ただし，「このような効果があるからメンタライジングはおすすめですよ」という書き方は何か少し違うように感じる。メンタライジングを子どもたちと一緒にやってみた上での副産物という位置づけがちょうどいい。

　まず，子どもたちが「自分の」グループだと感じられるようになってきた。お互いを大事にしあうような空気感が生まれてきた。例えば，「息を合わせる」「力を合わせる」といったソーシャル・スキルの活動は格段にうまくなった。

　また，自分の気持ちを伝えることへの抵抗感が減ってきた。メンタライジングの授業の取り組みを始めて間もないころは「自分の気持ちを伝える」という文言を見聞きすると顔をしかめたり「苦手だ」と言ったりしていた子たちが，今では臆することなく授業に参加している。慣れもあるとは思うが，「ここではどんな気持ちだって丁寧に扱ってもらえる」という安心感を実感できていることが大きいだろう。

　いずれにしても，この副産物は学校という場所において，とても重要なものであった。子どもたち一人ひとりのメンタライジングを育てるために行った活動が，子ども自身を，そしてグループ（居場所）を守るために機能していたのだった。

　さて，ここまで授業としての取り組みを行ってきたが，何も「メンタライ

ジングを育てる授業はこれです！」とわざわざ新しい授業を力んでやる必要はないのだということに気付いた。ここまで書いてきて，そんな結論なのかと拍子抜けするが，恐らくメンタライジングはいつもの授業に少しその視点を取り入れるところから始めても十分有用だろう。というのも，色々取り組みをしてみて一番変わったのは私の普段の授業への取り組み方だからだ。ふと立ち止まって「今，ここでこの子はどんな気持ちでいるんだろう。知ってみたい」と思う余白，遊びのようなものが生まれてきた。今までは授業の枠を作ることに必死だったからだ。

多くの特別支援に関わる先生方はそうではないだろうか。とにかく枠が重要，視覚化をしてその通りに進めていくのが大切だ，と色々なところでこれまで言われたことを守ろうとしてきた。もちろん，大事なことだ。しかし，枠を重要視するあまり，子どもたちの「今，ここ」の気持ちが置き去りにされていることはないだろうか。私はそうであった（今もって自分が目的論的になり，枠にとらわれてしまうことは多々ある）。そこにおいて，メンタライジングは子どもに対する好奇心を与えてくれる。無知の姿勢は「うまくやらないといけない」とがんじがらめになっている現場に，先生たちに，余白と遊びをふっと生んでくれるのである。

やみくもに学校現場にメンタライジングを薦めようとは思わない。なぜなら，2の「気持ち当てクイズ」のワークにあるように，その好奇心は，一人の気持ちをみんなで共有することは，ときに授業が空中分解しそうな感覚を生むからだ。何度も「波打ち際」に立たされる経験をした。教師にとってこれほど恐ろしいことはないだろう。しかし，だからなんだと言うのだろうか。授業の枠を守ることが私たちの仕事ではなく，子どもたち一人ひとりの力になるのが私たちの仕事だろう。「うまくやらなくていい」。なぜか空中分解を免れたところにメンタライジングをやってみた一番の肝が詰まっている。やってみたら，分かる。

最後に，グループスーパービジョンで終始適切なご指導を下さるアンナ・フロイトセンターのHolly Dwyer Hall先生と，共に学んでくれる『スマブラ団』のメンバー，そしていつも私の実践を助けてくださる特別支援教室の同僚の先生方への感謝で締めくくりたい。本当にありがとうございました。

第Ⅲ部
実践編②養育者への支援

　第Ⅲ部は，養育者への支援にメンタライジングを生かした実践の報告である。児童，思春期の臨床においては，養育者からの支援が欠かせない。特に，養育者のメンタライジング能力，省察的養育は子どもの健康な心理的発達に非常に重要な役割を果たす。養育者もまた，養育のための知識，スキル，あるいは自分自身の心のあり方，使い方を知り，習得したいと思うことが多い。

　第10章は，境界性パーソナリティ障害を抱えた青年の親のための心理教育プログラム，FACTS（Families and Carers Training and Support Programme）の白波瀬による実践報告である。アンナ・フロイトセンターが公開しているプログラムを日本で実践した貴重な報告である。

　第11章で，西村は，児童グループに参加している親のための心理教育グループの実践を報告している。グループで，メンタライジングについて学びながら子育てについて語り合う機会は，独特な形式でメンタライジングを高めていくことができる。

　第12章は，揖斐・西村・大橋による，2日間集中グループの実践報告である。社会的に孤立傾向があり，子育てのストレスが昂じやすい母親のための孤立感の低減を目指してメンタライジングアプローチが導入された。

　第13章では，牛田らが開発，実践している，暴力的になりがちな親子関係を修復するプログラムの報告である。暴力が劇的に収まっていく治療過程においてメンタライジングが重要な役割を果たしていることが非常に興味深い。

　これらは，養育者がメンタライジングを学び，高めていくためのプログラムのほんの一例に過ぎない。養育者のニードは幅広く，それに適うプログラムの開発が大いに期待されている。自分の臨床現場での可能性を想像しながら参照していただきたい。

（西村　馨）

第10章

家族のためのメンタライゼーション・セミナー

白波瀬丈一郎

I. はじめに

　本論では，著者が3年前から「自分と他の人を傷つけてしまう人たちのためのファミリーサポートグループ（旧BPD家族会）」で担当している「メンタライゼーション講座」での経験をもとに，家族のためのメンタライゼーション・セミナーについて述べる。

　まず，メンタライゼーション講座について説明する。2019年11月，BPD家族会（当時）の代表者から講師依頼の連絡が届いた。そこには，次のような経緯が書かれていた。数年前から当事者との関係性を改善することを目指して，家族の対応力向上のための講座を開催している。しかし，単発の講演会では家族の対応力はなかなか向上せず，すぐに逆戻りしてしまう。継続的なトレーニングの形式にしたところ，家族の進歩は目覚ましく，当事者との関係も改善されるケースが増えてきた。ついては，家族がメンタライゼーションを学習できる継続的なセミナーを行ってほしい。

　著者には家族を対象にした講演を行った経験はあるものの，家族を対象に継続的なセミナーを行ったことはなかった。そのため，この依頼を受けたとき，著者の頭には自分と家族との間でどんな関係性が展開するのか，依存的になり対応困難な事態が生じるのではないかという不安が浮かんだ。ただ，その一方で家族がメンタライゼーションを学ぶことで，当事者との日常的なコミュニケーションが改善するだけでなく，当事者のBPD治療にも貢献できることになるだろうとも考えた。少し迷ったが，やってみなければ何が起

きるか分からないと考えた。やってみて手に負えない事態になったら，その
とき代表者や家族と話し合うことにして，依頼を受けることにした。そして，
代表者と検討を重ね，月1回3時間で5回のセミナーを開催することになっ
た。当初は対面で行う予定だったが，新型コロナウイルスの感染拡大のため
オンライン形式に変更になった。セミナーは，最初の1時間は参加者の報告，
次の1時間はレクチャー，最後の1時間は質疑応答という構成にした。

Ⅱ．レクチャー

　こうしてはじまったセミナーだが，レクチャーで何を話せばよいのかが分
からず，困った。分からないので，初回はとりあえず専門家向けに行うメン
タラーゼーションのレクチャーの内容を分かりやすくコンパクトにまとめて
話してみた。参加者は一所懸命聞いてくれたが，話している側はどうもしっ
くりこなかった。話しながら，自分の話は参加者のニーズに合っていないと
感じたのである。遅ればせながらセミナーの後，慌てて「メンタライゼー
ション」と「家族」で検索をしてみた。その結果，FACTS（Anna Freud
National Centre for Children and Families, n.d.; Bateman & Fonagy, 2016）
というプログラムを見つけた。

　FACTSは「the Families and Carers Training and Support programme」
の略称で，BPDをもつ人のケアを行う家族や友人による，家族や友人のた
めのトレーニングとサポートを行うプログラムである。このプログラムは，
Valerie Porrが家族向けに著した書籍（Porr, 2010）に触発されたBPDのケ
アを行う人（ケアラー［carer］）の要望に応えて，アンナ・フロイトセンター
で開発された。週1回5回のセッションのプログラムで，セッションの進
行はトレーニングを受けた家族や友人が担当する。各セッションの開始時
に，参加者は前回セッションから1週間の様子を短く報告する。続いて，プ
レゼンターが前回セッションの要約を述べ，参加者からの質問に答えて，参
加者の理解の程度を確認する。続いて，今回のセッションの概要を説明する。
セッションでは，心理教育，探索，ロールプレイ，エクササイズとワーク
シート，ビデオ学習が行われる。セッションの最後にまとめを行い，宿題の

説明を行って終了する。

　FACTSに出会えたことで，著者は多くのことを学び，ようやく自らの間違いに気づくことができた。当然といえば当然なのだが，家族や友人が希望しているのは，BPDをもつ当事者により適切に対応しコミュニケーションできるようになることであり，そのための技術を習得したいと考えている。ケアラーとメンタライゼーションの専門家が共同で開発したFACTSの内容はそのニーズに合致していた。それに対して，著者の行ったレクチャーは専門知識の説明だった。それは，家族や友人をメンタライゼーションの治療者や専門家にするのであれば適切だが，技術の習得には必ずしも役に立たない内容だった。そう気づくと，FACTSで取り上げられるテーマがメンタライゼーションに限らず，マインドフルネスと感情マネージメントや，問題解決技法が含まれている意味が分かった気がした。こうした概念を用いたほうが，家族や友人はメンタライゼーションを実感しやすいし，ひいてはそれを当事者との関係の中で活用できるようになるという考えが込められているのではないかと考えた。

　そんなふうに考えると，このセミナーで自分が果たすべき役割が分かってきた気持ちになった。その役割はメンタライゼーションという知識を参加者に伝えることではなく，彼らに今自分はメンタライジングであるという体験を提供することではないかと思うようになったのである。より正確には，体験を認識するには知識が必要である。だから，レクチャーの内容はFACTSの資料に全面的に依拠しつつ，レクチャー時間はできるだけ短くして，参加者とやり取りする時間を長くするように心がけた。各回の最初に行う報告では，参加者が前回から今回までの間に当事者とのやり取りしたこと，その時に体験したり考えたりしたことを語る時間にした。著者はその話を「知らないという姿勢（not-knowing stance）」（後述）で聞きながら，レクチャーで触れた内容で説明できそうなことがらをみつけ，参加者が彼らの体験し感じたこととメンタライゼーションとをつなげられるようにコメントした。この時，報告の時間がレクチャーの延長にならないように，できるだけ簡潔なコメントに努めた。

Ⅲ．知らないという姿勢（not-knowing stance）

　メンタライゼーションに基づく治療（mentalization-based treatment：MBT）において，治療者に強く求められる姿勢に，知らないという姿勢がある。この姿勢は，静的な状態を意味するのではなく，動的な過程を示すものである。治療者はMBTにおいて，しばしばその姿勢を維持できずに，いわば知っているつもりになる。ただ，だからといって治療者失格というわけではない。治療者に必要なのは，自分が知っているつもりになっていることに気づき，その度に知らないという姿勢に戻る，その過程を継続することである。

　今回の，家族のためのメンタライゼーション・セミナーをはじめるにあたっても，著者は知っているつもりに陥った。講師依頼の連絡が来た時，転移やバウンダリーなどの知識を持ち出して，面倒な事態が起きる可能性を考えた。実際は，家族や友人を対象とした継続的なセミナーを行った経験はなく，その場でどんなことが展開するのかを知らないにもかかわらずである。この時は，やってみなければ何が起きるか分からないことに何とか気づき自分を立て直すことができた。とはいえセミナーがはじまった後も，モニター越しに20人を超える参加者の姿をみると，やはり緊張した。するといつの間にかBPDのことやメンタライゼーションのことを何でも知っている「専門家」のように振る舞っている自分がいた。その度に，知らないという姿勢を取り戻せるように努めた。レクチャーで専門知識を説明する時も，報告の時間に家族の話をメンタライゼーションにつなげてコメントする時も，その行為の意味をいつも確認した。その行為が，参加者がメンタライゼーションを理解しメンタライジングな状態になる助けになっているか，その場で自分が感じている不安や居心地の悪さを払拭するために「専門家」という役割に逃げ込む行為になっていないかをいつもモニターするようにした。参加者に質問されて，知らないこと分からないことは正直に「知らない」と答えたり，「アイ・メッセージ（I-message）」を使ったりすることも心がけた。アイ・メッセージもメンタライゼーションで重視される技法の一つである。「私の考えでは」とか「私が思うに」という形で主語を明確にして，あくまで治療者自身の一つの意見だということを強調する。そうすることで，治療者の

言っていることが正解であるとか真実であるかのような誤解が生じるのを防ぐのである。

　セミナーの中で，知らないという姿勢やアイ・メッセージを用いることは，参加者に対してメンタライゼーションをやってみせるという効果があった。著者によるデモンストレーションである。これを続けることで，ともすると「何でも知っている講師」と「何も知らない参加者」という固定化した関係性になりがちなセミナーの場に，それぞれ知っていることもあれば知らないこともあるという対等な関係性を展開させ，みんなで一緒に考えたり話し合ったりする場にすることができたと考えている。著者はこの対等な関係が展開し，みんなで一緒に考え話し合えることこそがメンタライジングであると考えている。参加者にこの過程を体験してもらい，その体験を持ち帰って，対象者の間でやってみてもらう，試してもらうように促した。その結果を，次回の報告の時間に話してもらった。

IV．メンタライジング的姿勢

　参加者は，セミナーの初期からとても積極的に発言した。ただ，その発言は「対応がうまくいった」とか「本人を目の前にするとうまくできなかった」といった具合に結果の文脈で語られることが多かった。このとき著者が心がけたのが，結果ではなく当事者の心（あるいは心理状態）を理解しようと試みたか，その過程に注意を向けるように参加者を促すことだった。この働きかけができるように，前もってレクチャーで精神状態とは不明瞭なものであることと，メンタライジング的姿勢の重要性を強調しておいた。

　心理状態は不明瞭という考えは，知らないという姿勢の前提になるものである。その不明瞭さ故に，人は他者の，さらには自分の心理状態を知ることを本当の意味ではできない。できるのは想像的に推測することである。推測である以上，メンタライジングは容易に失敗する。したがって，結果に囚われると，せっかくのメンタライジングの力を見逃してしまう。メンタライジングが力を発揮するのは，メンタライジング的姿勢にある。それは「自己と他者の精神状態に対する，探究的で，好奇心を伴い，開放的な──そして，

遊び心さえ伴った——関心」（Allen, Fonagy & Bateman, 2008）を示すことである。この関心を示すことで，他者をメンタライズすることに引き込み，その人のメンタライジング能力の向上を促すことができる。

　こうした準備をしておいて，報告の時間などに参加者が結果の文脈で当事者とのやり取りを語った時，「レクチャーで話しましたが，メンタライジングはある意味失敗して当然なのです。だから，結果に目を奪われないでください。それよりも，当事者の心（心理状態）に関心を向けたという，そのこと自体が重要なのです」といって，参加者の体験とメンタライジングとをつなげるようにした。さらに，時間が許せば，参加者の体験に好奇心を示し，どんなことが起きていたのか探究するように話を聞いた。そうやって，著者がメンタライジング的姿勢を取ることで，参加者をメンタライズすることに引き込み，メンタライジング能力の向上を促す。そして，参加者が当事者とのやり取りの中でメンタライジング的姿勢を実践できれば，当事者とのコミュニケーションの改善が期待できる。さらに，そのやり取りによって，当事者をメンタライズすることに引き込めれば，当事者のメンタライジング能力が増進することにつながる。そうなれば，「当事者の対人関係が円滑化し，対人関係の問題の解決が容易になる」（上地，2015）ことが期待できる。こうした変化はBPDの改善であるといえる。

Ⅴ．セミナーの中でみられたこと，考えたこと

　そうしたやり取りを繰り返すうちに，参加者は結果の文脈を離れて自らの体験を話すようになった。すると，その時の気持ちや考えについての言及が増えた。どんな気持ちになったかとかどんなことを考えたかなどである。さらに印象的だったのが，ネガティブな情緒に対する言及が増えたことである。ネガティブな情緒もとても大切だというフィードバックを続けると，セミナーの中での参加者の思考はさらに自由になり活発になった。加えて，当事者との間でネガティブな情緒を覚えた時も，その情緒に圧倒されたり無視したりすることなく，それを抱えながら思考する様子がみられるようになった。

　　ある参加者は「これまでは我慢して我慢して，限界が来て爆発して大
げんかになっていた。でも，最近は怒ったときに普通に怒るようにした
ら，何だか大げんかになることがなくなった」と話した。また，別の参加
者は当事者への関わり方が能動的になったと述べた。「当事者が激高した
ときに，『この子はどうしてそう思うのだろう』と考えてみた。そうしたら，
自分とこの子は違うということが分かった。自分にはどうでもいいことが，
この子にはとてもつらいのだということが分かった。ただ，分かったけれ
ども，それ以上は踏み込めなかった」。さらに別の参加者は，他者に任せ
たら思いの外頼りになることを知った体験を語った。「当事者が配偶者の
実家にまで激しく電話をするようになった。どうなるのかと冷や冷やしな
がら様子をみていたら，思いの外気丈に対応してくれた」。

　参加者のこうした話を聞きながら，彼らの思考が自由になった感じがして，
とてもよかったと思った。しかし，しばらくすると，参加者のこの変化は日
頃彼らが如何に不自由な思いをしているかということではないかという考え
が浮かんできた。それをきっかけに家族や友人が体験している不自由さにつ
いて考えてみた。すると，彼らがいわれのない負い目を背負わされているよ
うな気がしてきた。
　そう思うと，参加者の言動に違和感を覚えるようになった。いわゆる専門
家ですらしばしば対応に難渋するBPDをもつ当事者に，家族や友人はその
病理も対応方法も何も知らないまま対応しているのである。また，専門家は
診療が終わればBPDをもつ当事者と離れることができる。ところが，家族
や友人は当事者の対応が日常だったりする。「本人を目の前にするとうまく
できなかった」という参加者の言葉を思い出し，「自分も彼らと同じ立場に
なったら，うまくできるはずがない」と思ったし，彼らの不自由さを改めて
実感したように思った。彼らが自由になるにつれて，彼らはうまくいくはず
のない対応を引き受けていることについて，うんざりするとかやっていられ
ないと語った。当然だと思った。ところが，それでもなお彼らの言動には自
らの至らなさに負い目を感じている響きがあったのである。何故だろうと考
えると，身に覚えがあった。診療場面において，家族や友人から当事者の対
応がうまくできない相談を受けると，それに対して彼らの対応が不適切だか

らという文脈で助言することが少なくなかった。そうでなかったとしても，うまくいかないのが当たり前だといって彼らを労うことはしなかった。おそらく著者のような医療従事者だけでなく，親族や関係者からもその対応の不適切さや不十分さを指摘されてきたのではないだろうか。

　その参加者は頑なに自らを否定する言動を続けていた。ある回，その参加者は友人とのやり取りを報告した。「友人から『（自分と当事者は）共依存だ』，『自立させないとダメ』といわれた。『またかよ』と思いうんざりした。自分は自分の時間をすべて当事者に捧げている。そのことを否定された」。言葉は友人を攻撃していたが，その口調には自らをあざける感じが含まれていた。そこで次のように伝えてみた。「もしかすると，あなた自身もっと距離を置かないとダメだと重々承知しておられるのでしょうか。分かっているけど，なかなか実行できず，うまくいかないと思っている。友人にはそのうまくいかなさを汲み取ってもらえなかったのではと考えました。そんなふうに考えると，もしかすると，あなたはそのうまくいかなさを汲み取られなかったことに『またかよ』と思われたのではないでしょうか」。参加者は「そうかもしれない」と答えただけだったが，頑なさは緩んだように感じられた。

　こうした親族や関係者との体験が何度も続いたら，自らを責めずにはいられなくなるだろう。

　加えて，当事者から不適切さや失敗を非難されれば，家族や友人はなおさら自らの至らなさを申し訳なく思うだろう。しかし，改めて考えると，一度の失敗もない，そして誰も傷つけたことのない人などいるだろうか。その失敗や傷つけたことが当事者をBPDにしたという根拠はどこにあるのだろう。仮に，その失敗や傷つけたことがBPDの原因だったとしても，当事者をBPDにしようと思ってその行動をした家族や友人がいるのだろうか。至らなさはあったかもしれない，でもそのことを負い目に感じる必要はないと思った。そんなふうに考えると家族や友人の示す負い目にはいわれがないと思うようになった。万が一いわれがあったとしても，その負い目は家族や友人のメンタライジング能力を低下させることはあっても，向上させることは

ない。

　そのためセミナーでは，そのいわれのなさを参加者に積極的に伝えることを心がけた。ここでもメンタライゼーション概念が役に立った。メンタライゼーション概念はその出自の多くを精神分析に負っているが，同時に実証研究の知見も積極的に取り入れている。その知見は，幼小児期の分離と見捨てられ体験の重要性を強調した精神力動的な病因論（Masterson, 1972; Rinsley, 1980）を支持すると共に，BPDの病因における神経生物学的要因や遺伝的要因の重要性も示している（Gabbard, 2014）。これらの知見が示すのは，BPDは多因子的な病因が複雑に絡み合った疾患だということである。たとえ，養育上の問題があるように思える場合も，実は難しい気質をもつ子どもを育てる困難さの結果である可能性がある。何よりも過去を変えることはできない。であれば，家族や友人には自らのメンタライジング能力を向上させることを通して，当事者のメンタライジング能力の増進を促し，これから先の社会適応を向上させることのほうが生産的である。

VI.　おわりに

　メンタライゼーションでは，知らないという姿勢が重視されることを述べたが，今回BPDをもつ人の家族や友人を対象としたセミナーを行ったことで，自分自身が知らないことがたくさんあることを実感した。BPDをもつ人の治療を通して，多くの家族や友人と接してきた。しかし，彼らがどのような体験をしどのようなことを考えているのかを，著者は知らなかった。いや，知らないということ自体を知らなかった。

　メンタライゼーションから少し逸れるが，著者は日頃からパーソナリティを「眼鏡の歪み」に喩え，パーソナリティ障害とはその歪みが極端に大きい眼鏡と考え，その治療は歪みを補正することだと考えている（白波瀬, 2007）。この考えは次のようにまとめられる。眼鏡の歪みは生来的な部分に加えて，成育過程での対人関係によって作られる。換言すれば，その歪みを補正するには，健全な対人関係体験をできるだけ多く供給することが必要になる。治療は，成育過程を通した対人関係体験の「平均値」が少しずつ変化

していく過程に喩えられるだろう。そう考えると，医療従事者が提供できる健全な対人関係体験だけでは高が知れている。だから，自分たちだけで治療しようとするのではなく，パーソナリティ障害をもつ患者を取り巻く人たちを支援することを通して，少しでも多く健全な対人関係体験を患者に供給することを目指すことが重要になる。そうした健全な対人関係体験に触れることで，患者が少しでも生産的な対人関係をもつことが可能になれば，彼らを取り巻く人からの健全な対人関係の供給は容易になり，相乗的に治療は進むのではないだろうか。そして，メンタライジングな交流は健全な対人関係体験に相当するだろう。今回，家族のためのメンタライゼーション・セミナーでの経験を通して，医療従事者は積極的に家族や友人をサポートする必要性を改めて認識した次第である。

謝辞：貴重な体験をする機会を与えていただいた，「自分と他の人を傷つけてしまう人たちのためのファミリーサポートグループ（旧BPD家族会）」のみなさまに心より感謝申し上げます。

文　献

Allen, G.A., Fonagy, P., and Bateman, A.W.（2008）*Mentalizing in clinical practice.* American Psychiatric Publishing. Washington, D.C. 狩野力八郎監訳（2014）メンタライジングの理論と臨床——精神分析・愛着理論・発達精神病理学の統合．北大路書房．

Anna Freud National Centre for Children and Families (n.d.) Families and Carers Training and Support Programme (FACTS). https://www.annafreud.org/training/mentalization-based-treatment-adults-old/families-and-carers-training-and-support-programme-facts/ （2022年4月30日閲覧）

Bateman, A. & Fonagy, P.（2016）Mentalizing and families: the Families and Carers Training and Support program (FACTS). in *Mentalization-Based Treatment for Personality Disorders: A Practical Guide.* Oxford University Press. Oxford. pp.415-443.

Gabbard, G.O.（2014）*Psychodynamic psychiatry in clinical practice(5th Ed.).* American Psychiatric Association Publishing. Washington, D.C. 奥寺崇，権成鉉，白波瀬丈一郎，池田暁史監訳（2019）精神力動的精神医学——その臨床的実践 第5版．岩崎学術出版社．

上地雄一郎（2015）メンタライジング・アプローチ入門——愛着理論を生かす心理療法．北大路書房．

Masterson, J.F.（1972）*Treatment of the borderline adolescent: A development approach.* John Willey & Sons. New York. 成田善弘，笠原嘉（1979）青年期境界例の治療．金剛出版．

Porr, V.（2010）*Overcoming borderline personality disorder: A family guide for healing and change.* Oxford University Press. Oxford.

Rinsley, D.B.（1980）*Treatment of the severely disturbed adolescent.* Janson Aronson, New York.　岡部洋平，馬場謙一，奥村茉莉子ら訳（1986）思春期病棟──理論と臨床．有斐閣．

白波瀬丈一郎（2007）"試してみる"という治療アプローチ．臨床精神医学，*36*(11)，1439-1443.

第11章

親のメンタライジングを高める
心理教育グループの試み

西村　馨

Ⅰ．目　的

　児童，思春期のグループセラピーが，メンタライジングを育む手法として有効であることは第6章でふれた。一方，親の子育てを助けるグループも，親同士の支え合いができたり，子育ての方針が得られたりする可能性があると期待され，一度は取り組んでみた。だが，子どもの問題を早く解決したい思いに駆られ，「どうしたらいいのですか？」というアドバイスのやり取りに終始しがちだったり，問題を嘆くだけだったりで，有益なプロセスが作れず，ついに頓挫することになった。その後出会ったメンタライジングの理論と方法はこのプロセスに歯止めをかけ，子どもと有意義な関わりを生み出すのに有効なものだと思われた。そこで，親のメンタライジングを高める心理教育グループをデザインし，模索しながら実践していくこととした。本章では，そのグループを紹介し，実践の中から見えてきたメンタライジングアプローチの有効性や留意点について考察したい。

Ⅱ．親グループの構想

1．メンタライジング理論と親グループ

　なぜメンタライジングが有効なのか。上に述べたグループダイナミクスと

関連がある。ここまで読み進められてきた読者は気づかれるであろう。解決策をすぐ求める動きは典型的な目的論的モードである。子どもの問題を語り，できなさを嘆くことの連鎖も，子どもの心理状態から離れたプリテンド・モードの側面がある。いずれにせよ，メンバー同士や子どもの心理状態の推測を欠いた非メンタライジングモードのやり取りになっているのである。ひとたびこの流れができるとグループを強力に拘束する。メンタライジングの理論はそれに名前を与え，対処法を教えてくれるものであった。どの親も「子どもを理解したい」という思いは共通して，強い。ならば，「子どもを理解する」ことをグループの目的の中心に据え，すぐに解決法を与えなくても許されるであろうと考えた。そこで，本グループでは，メンタライジングの理論と方法を教え，グループの中でメンタライジング的やり取りを体験して学ぶことを目指した。

2. 親への MBT 心理教育

MBTにおける家族への心理教育について概観すると，いくつかの構造化されたプログラムが見出せる。SadlerやSladeらの「マインディング・ザ・ベイビー（Minding the baby）」（Sadler et al., 2006；Slade el al., 2004），あるいは「親ファーストプログラム（Parents First）」（Slade el al., 2006）といった省察的養育プログラム（Reflective parenting program）（Slade, 2005/2010）が知られている。そのうち，親ファーストプログラムはグループプログラムであるが，乳児から未就学児が対象である。児童期以降の子どもの親を対象としたものにMBT-Fがあるが，これは個別の家族を対象とした臨床手法である。他に，境界性パーソナリティ障害を持つ青年の親・家族への心理教育プログラム（FACTS, Bateman & Fonagy, 2016）がグループで行われている（白波瀬が第10章で紹介している）。だが，児童期の子どもの養育者を対象とした心理教育プログラムは見当たらなかった。したがって，上記プログラムを参考にして独自に構築する必要があった。

3. 本グループの構造

　本グループは，週1回のグループに参加している不適応傾向を持つ小学生（第6章参照）の親が対象であり，自閉スペクトラム症のため特別支援学級に通う子どもの親もいた。パッケージ化された短期プログラムよりも，ともに学びながら，浅く，長く，成長を助け合うプログラムを開発することが有益だと考えた。そこで，「メンタライジングの理論を勉強して子どもの心を理解する方法を学びながら，お互いに助け合って，子どもを理解していく『勉強会』」と称して，月1回，子どものセッション中に90分間行った。自由参加で，セッションによって3〜8名くらいの幅があったが，多くが熱心な継続的参加者であった（なお，個別面接によって，子どもの問題の詳細や成育歴を聴取している）。ファシリテーターは始め筆者だけで，2年後から女性の臨床心理士と共同で実施するようになった。

　セッションは，MBT-GやMBT-Iを参考に，チェックイン，講義，質疑，話し合い，まとめという構成とした（表11.1参照）。

　講義のトピックは，MBTについての主要概念をわかりやすい言葉に変えて説明し（表11.2参照），1枚程度に簡単にまとめたレジメを用意し，配布した。ひとつのトピックが一回で終わることはなく，何回かをかけて，行きつ戻りつしながら進めていった。

　なおメンタライジングという用語をそのまま用いるのがよいのかについては，『MBT-Cガイド』に倣い，あえて用いた。ただ，他の用語はできるだけわかりやすい言葉に言い換えた。

表11.1　セッション構成

・チェックイン：一人ずつ，前回以降の子どもや自分の状況を報告し，あとで検討したいことがあれば申し出る（10分）

・前回講義のまとめ（5分）

・その日のテーマについての講義と質疑（20分 + 10分）

・そのテーマをめぐる子どもとの関わりについての話し合い（40分）

・フォローアップとまとめ（5分）

注：グループ開始1年ほどで，講義は一通りのトピックを終え，各自の気になることを中心に話すような構成にした。

表11.2　これまでの講義内容（抜粋）

講義のタイトル	内　容
「メンタライジングとは何か」	メンタライジングの概念と理論の概説。愛着関係との関連など。
「これはあなたの気持ちだよねマーク」	随伴的・有標的ミラーリング，顕示的手がかり，認識的信頼
「思い込みモード」「わかったつもりモード」「気持ちより行動モード」	心的等価，プリテンド・モード，目的論的モード
「まずは落ち着く。落ち着かせる」	覚醒水準の調整。愛着関係における情動の喚起されやすさ，メンタライジングの失われやすさ
「わかったつもりをやめてみよう」「なんでこうなるの？　でもそれって面白くない？」	無知の姿勢の重要性，好奇心をもって接することの意義と面白さ
「『いつものアレ』をやめてみる」	出来事の時系列化，微視的分析
「メンタライジングと愛着，甘え」	概念的知識，関連知識とのつながりについて

4. グループのルール，進め方

　最低限のルールとして，お互いのプライバシーは守ること（特に，他の家のことを自分の子どもに言わない）を共有した。ファシリテーターも，ここで話された子どものことを子どもグループのセラピストに伝えるが，それを子どもグループでは話さなかった。

　また，メンタライジング的姿勢を維持することに注意を喚起した。「ここではすぐに解決策が得られるわけではありません。どうすればいいのかを知るためにも，子どもがどういう気持ちや考えを体験しているのか，いったん振り返ってよく考えてみましょう」という考えを共有し，適宜思い出してもらった。

5. 心理教育グループにおけるメンタライジング的姿勢

　ファシリテーターは講義をしながら，グループの場でメンタライジング的姿勢を実践せねばならない。無知の姿勢のモデルを示すことや，好奇心，心

理状態を探索しようとするモチベーションを触発することで，「セラピスト
は子どもの体験に好奇心を持つことができるように子どもと親を助け，子ど
もと両親は別の人なのだという理解を促進する」（『MBT-C ガイド』p. 93）
のである。

　多くの場合，親は，子どもが言葉にして表現できないと，「本音を隠して
いる」と思いがちである。だが，実際はそうではない。あるメンバーの語り
が印象的だった。「以前は私が尋ねても言葉にしてくれませんでした。でも
それは，隠してるのではなくて，言葉にできないくらい苦しいっていうこと
なんですね。今ではよく話すようになりました。やっぱり，聞いてあげると
子どもは話すようになるんですね」。

　また，しばしば親は「ウチの子はいつも○○だ！」と思っている。だがそ
の「いつも○○だ」というとらえは，親の持つ二次表象（個々の経験を一般
化した表象）である。メンタライジングは，具体的な出来事における心理状
態に向けなければならない。そのため，子どもの問題については，具体的な
場面（通常は一番最近起こった場面）を描いてもらう必要がある。話が漠然
としている場合には，丁寧に時系列的に整理してもらう必要もある。

　場面が共有されると，子どもや親のその時の心理状態について他のメン
バーにコメントを求める。親は自分のストレスが理解されて，疲労感や孤立
感が軽減される。また，子どもの心理状態についての別の視点も与えられる。
優れた提案である必要はない。これはグループ作業のメリットである。また，
自分の子どもをメンタライズするのはえてして難しい。むしろ，他の親子を
素材にするのはメンタライズのよい練習になる。

　話し合いにおいて非メンタライジングモードが生じた際，メンタライジ
ングモードになるよう，ゆっくりとリードすることが重要である。例えば，
「どうすればよいのでしょうか？」と解決策を求める親に対しては，ルール
を思い出させ，具体的な場面の心理状態を探索することに誘う。自身の不安
のためにメンタライズできなくなっている親に対しては，落ち着いて状況を
整理するところから始める。

　「うちの子は」「うちの子は」と，問題を連鎖的に語り始め，お互いにコメ
ントしなくなることがある。そのようなとき，ファシリテーターは子どもの
心理状態に好奇心を寄せるとともに，「それで，さっき話された＊＊さんの

話はどう思いましたか？」「＊＊さんはどんなふうに感じられたと思います
か？」「＊＊さんのお子さんは何を感じていると思いましたか？」というよ
うにメンタライジングに誘う。それは徐々に定着して、自分の子どもとは別
個に考えられるようになっていった。

　ひとたびメンバーとファシリテーターの、そしてメンバー同士の認識的信
頼が培われると、自分の見方と異なるものでも受け入れようとし、グループ
全体がメンタライジング的な環境になっていく。

Ⅲ. 事　例

　以下にグループ活動の一部を紹介する（事例は、本質を損なわない程度に
細部を修正し、再構成している）。

1.「いつものアレだ」をやめてみる

　　子どもの問題を語る時、親は自分の表象によって「いつもの」問題だと
　とらえてしまいやすく、子どもの心的状態を推測できなくなってしまう。
　そのため、具体的場面を時系列化し、微視的分析をすることで、メンタラ
　イジングできるようにすることを目指す。
　　Aさん（母）は、小学校6年生の息子のことで困っていた。彼は中学受
　験を希望し、塾に通って勉強していたが、なかなか志望校を決められな
　かった。Aさんは、それにいら立ち、受験する気がないのだと考えていた。
　　そのセッションの前の晩も、志望校を尋ねたが、何も言わなかったので
　頭にきた、私をバカにしているに違いないと言っていた。ファシリテー
　ターは、その場面を具体的に描くようにAさんに頼んだ。最初は、「思い
　出せない」と言っていたが、一つ一つたずねていく中で、徐々に具体的な
　情景を思い出し始めた。
　　「あれは、夕食後で、テレビのあるリビングに、息子と私と夫と、それ
　から5歳の下の息子とがいました。みんなソファに座っていて、真ん中に
　下の息子がいて、レゴブロックで遊んでいました。どこにしたいの？と息

子に聞いても黙ったきりなので，みんな黙って下の子のレゴブロックを眺めていました」と言うとグループは笑った。

　そのように具体的場面を描くと，Aさんは少しずつ出来事を思い出してきた。「あ，そういえば，洗い物が残ってたんで，『ねえ，こうやってじっと黙ってるんだったら，食器洗いに行ってきていい？』って聞いたら，息子は『いやだ，ここにいてほしい』って言ってました。おかげで洗い物ができませんでしたけど！」と言った。グループから，「ああ，じゃあ息子さんはただぼーっとしてるんじゃなかったんですね」とか「お母さんと一緒にいるほうが安心だったんだね」という発言があった。「そういえば，私は『受かるところを受けたらいいのよ』って言ったら，それには固まっていたんですが，ダンナが『お父さんが決めてもいいけど，やっぱり君が行くところなんだから，君が決めた方がいいと思うよ。それがどこでもお父さん怒らないから』って言ったら，ダンナの方をじっと見てました」と，重要なシーンを思い出した。そこでAさんは気づいた。「ああ，行きたいところはあるけど，言い出す勇気がなかったんだわ」と言った。グループからは，「そうかもしれないし，落ちたときのことがこわくて，どうしていいのかわからなかったのかもしれない」といった意見も出た。

　結局，何かひとつの確かな答えが見出せたわけではなかったが，自分が思っていたようなこととは別の，子どもなりの思いがあることに気づいたことでAさんは満足し，「子どもの気持ちを考えるってこういうことなんですね」と納得していた。

　問題の具体的場面を描き，その状況での心的状態を想像することで，メンタライジングが可能になる。またグループでは別の視点が得られやすい。「正しい答え」が見つからなくとも，安心感がもたらされるのである。

2.　自閉スペクトラム症（ASD）の子どもの親

　Bさん（母）は小学校4年生の息子さんがASDを抱えており，特別支援学級に通っていた。運動が苦手だったり，こだわりがあったりする息子さんだが，メンタライジングの話はよく理解できた。「子どもの動きが止まってしまうことがあって，心配になったり，イライラしたりしてたんですが，

あるとき何か物に夢中になってるんだということがわかって，あー，今あれ見てるんだなーってわかると安心できるようになったんです。その時の感覚ですね」と言っていた。息子の注意や関心をつかむことが上手な方で，彼の障害が改善するわけではないものの，彼は比較的穏やかに日々の生活を送ることができていた。一方，Cさん（母）の息子（同じく小学校4年生）は，しばしば奇異な行動をとって喜ぶことがあり，まじめなCさんは振り回されていた。

　グループ開始から2年ほどたち，メンバーたちは，少しずつ子どもをメンタライジングすることの意味がわかってきた。Cさんもだった。このセッションの前，子どもたちが集合した時，Cさんの息子がスタッフのカバンを取って走りまわったのを見てCさんが慌てて飛んで行ったことが話題になった。

> **ファシリテーター（以下F）：**マー君（息子さん）は，あのとき，何をしていたのだと思いますか？
>
> **Cさん：**元気がありあまってるんで……。
>
> **F：**あのときは，どういうことがあったんでしょうか？
>
> **C：**出るときからテンションが高かったです。ああ，猫の日（2月22日）で，猫探しをするんだと言っていました。
>
> **F：**そうなんですか！　Cさんは何をおっしゃってたんですか？
>
> **C：**ええ，カバンを返す時に落としてしまったようだったから謝るのが普通なのに，謝ろうとしなかったので「謝りなさい」と言ったんです。そしたら，私に謝ってきたんで，私じゃないと言ったんです（笑）。
>
> **F：**謝ろうとしなかった……マー君はどんな感じだったんでしょうね？
>
> **C：**謝らないといけないのに，わかってなかったんだと思います。
>
> **他のメンバー：**謝るって，すぐできないかも。ついやってしまったとき，やばいと思ってパニックになって真っ白になって，何も言えなくなることもあるのでは？
>
> **C：**ああ……。
>
> **共同ファシリテーター：**（Cさんに）言われてどう思いました？
>
> **C：**よく見ておられる。うちは自閉があるから特殊なのかなと思ってい

たんだけど，やっぱりメンタライジングできるし，そんなに特別なわけでもなく，これからもやっていけるのかなと気づいたのがうれしいです。

F：うん，できますよ。私もうれしいですよ。

C：励みになります。うちはダメだと思ってるところがあったんですけど，そうでもないかな。こっちが見方を変えることで育てていけるところもあるのかなと。

ASD児がどこまでメンタライズできるのかは個人差もあり，限界もあるが，彼らに対してはメンタライジングが有益で，必要である。Cさんの息子さんは，グループ開始時には回避型愛着が強かったが，母親に愛着行動を示すようになり，情緒的な絆を作り出すことが可能になってきた。またそのことが母親の側にも理解できるようになってきた。ASD児へのメンタライズは難しいこともあるが，それができれば親に安心と希望をもたらす。

Ⅳ．考察と結論

メンタライジングの理論と方法を学ぶ心理教育をグループで行う際の大きなメリットは，グループが発達していくということである。つまり，グループ構造，学習素材や体験に助けられて，メンバー同士がお互いをメンタライズできるようになると，認識的信頼が高まり，グループ全体が，話しやすく，安心できるメンタライジング環境になっていく。

児童を対象としたMBT（MBT-C）は，子どもや養育者の強みを生かし，また弱さに共感して，子どもの発達を軌道に戻すことをめざす（『MBT-Cガイド』pp. 176-178）。グループで別の視点をもらえることは，親自身の「考えを広げる」ことに貢献し，強さを発見し，いっそう強くする体験を自然にもたらす。加えて，本グループの場合，子どもグループの保護者たちであるため，拡大家族的な凝集感，所属感をもたらした。

不登校などの具体的な問題行動の改善が求められる事柄については，メンタライジングを重視しつつ，解決への示唆や問題行動の心理学的理解（不安

の不適切な解消メカニズム等）を必要に応じて提示することが有効であった（西村，2020）。

　また，ASD ／ ADHD特有の課題，例えば，ゲームのやりすぎなどの現実的問題について議論になることが避けられない。注意制御，感情調整の問題として丁寧に扱うべきだが，「親がゲームを一緒にやる」ことから制御のポイントを探していくという（一見メンタライジングとは関係ない）知恵の交換も興味深かった。

　なお，子どもの問題を扱う中で，親自身の課題が顕在化することがある。自身の成育歴上の問題だけでなく，子育てで体験した怒り，周囲の無理解への傷つき，夫婦関係，同居祖父母との関係等も出てくる。まずファシリテーターが親と個別の絆を作り，支えることが非常に重要である。グループでは，他の人とのバランスや個人を出しすぎないことに配慮することも大事だが，親が感情であふれているとき，それを共感的承認をした上で，子どもの様子を描いていくのがよいだろう。それによって，親自身も自分のトラウマによる反応を客観視でき，自分で扱える部分が増えるようである。

　本グループは私たちの現場の独自性を踏まえて発展してきたものであり，別の現場ではニーズを踏まえて適宜構造を調整したり，より緻密にデザインする必要があろう。今後の発展が期待される。

付記　本研究は科学研究費基盤研究（C）18K03113「児童思春期の愛着形成・修復に資する心理・社会的アプローチの整備」（研究代表者：西村馨）の成果の一部である。共同ファシリテーターの栗田七重氏（東京経済大学）に感謝する。

文　献

Bateman, A. & Fonagy, P.（2016）Mentalizing and families: the Families and Carers Training and Support program (FACTS). In *Mentalization-based treatment for personality disorders: A practical guide,* (pp. 415-433). Oxford University Press.

Midgley, N. et al.（2017）*Mentalization-based treatment with children: A time-limited approach.* American Psychological Association.

Midgley, N. & Vrouva, I.（2012）*Minding the child: Mentalization-based interventions with children, young people and their families.* Routledge.

西村馨（2020）学校教育相談の周辺資源としてのセラピーグループ――「心を理解する」

連携・協働に向けて. 集団精神療法, 36(1), 31-37.

Slade, A.（2008）Working with parents in child psychotherapy: Engaging the reflective function. In F. N. Busch (ed.). *Mentalization: Theoretical considerations, research findings, and clinical implications*, (pp. 207-234). The Analytic Press.

Slade, A.（2010）Reflective parenting programs: Theory and development. *Psychoanalytic Inquiry, 26* (4), 640-657.

第12章

母親のグループ

——孤立と認識的信頼の途絶からの回復——

揖斐衣海・西村　馨・大橋良枝

Ⅰ．母親の孤立

　虐待やネグレクトなど不適切な子育ての問題への一次・二次そして三次予防の重要性が指摘されており，『健やか親子21』の提言は言うまでもなく，不適切な子育てと母親の孤立感の関連が注目されている。2016年に放送された『NHKスペシャル　ママたちが非常事態⁉』で，乳児を抱える母親たちの孤立感と育児の苦しみの実態が放映され大反響となったのは記憶に新しい。この番組でいわゆる「普通のママたち」が孤立感を抱え，自分が虐待をしてしまうことを恐れて生活していることが露わとなったが，この状況は日本社会の中で養育上の問題が起きた場合に加害者として糾弾されやすい母親たちが，同時に常識化された母性信仰の逸脱者であるがゆえに被害者となるという社会的な構図（大日向，2015）と，母性信仰の強さゆえに母親たちが孤立しやすい状況（大橋，2019，pp. 167-169）がなかなか変化しないことを表しているように思われる。

　村上（2017）は，虐待渦中の母親たちの抱える，不安や孤立感を繊細に描写したうえで，グループを用いた支援プログラムが子どもへの暴力を止めるのみならず，母親たちの生き方の様式を変化させ，彼女たちが暴力に頼る必要がなくなっていく様子を示しているが，これは孤立からの脱却が子育ての問題にいかにパワフルな効果を持つか示したものであると言えよう。

Ⅱ. 孤立と認識的信頼の途絶

　さて，この社会への適応および孤立の問題について新たな理解を与えてくれるのが，認識的信頼という概念である。認識的信頼とは，個人に関わりがあり，一般化できる重要性のある社会・対人的情報を受け入れることへの開放性であり，その発達は刻々と変化する社会・文化的文脈における個人の学習，そして（社会的）環境から利益を得ること可能にする（Fonagy & Allison, 2014；Fonagy & Luyten, 2016；Fonagy, Luyten, & Allison, 2015）。現在のメンタライジング・アプローチは，養育者との経験あるいは社会的経験の中で認識的信頼を破壊されたクライアント（以下Cl）たちのそれを，メンタライジングを通して育むことによって，Clをより豊かな社会対人的コミュニケーションに導くことがそのモデルとされている（Fonagy & Campbell, 2017）。

　このように認識的信頼は精神健康上の重要な概念と考えられるのだが，一方で，非メンタライジングな社会システムの中で生活するために感じる「社会的疎外感」，すなわち孤立感は，認識的不信を導く（Fonagy et al., 2019）。先述の，母性信仰社会の中にあって孤立し，子どもに対する自らの振舞いを恐れる母親たちは，まさにこの認識的不信の苦しみの中にいると言えよう。こうしたClに対しては，セラピスト（以下Th）が彼らの警戒姿勢と，それがなぜ起きているのかを広い文脈の中で理解し，有標化されたミラーリングを，すなわち共感的承認を行うことで，認識的信頼へ向かう第一歩が開かれていくと説明されている（Fonagy et al., 2019）。

　MBT-Cにおいて養育者面接は，あくまで子どもの治療が主体であり，子どもの環境である養育者が子どもの体験や心に目を向ける能力を伸ばしたり回復したりするなど，子どもとの関係性にその軸がある（『MBT-Cガイド』）が，本章では子育てにおいて孤立感に陥った母親たちを援助の主体において，MBTの技法を通してそれぞれの認識的信頼を回復させていく様子を示していく。

Ⅲ．事例：母親グループの実際

　この母親グループは，集団精神療法の手法の一つである体験グループを
ベースにした短期集中ミニ・グループであり，2日間で各90分のセッショ
ンを6回実施した。参加者は，インターネットや学校，放課後等デイサービ
スなどを通して一般に公募した。「心理士が個々の安全を保障する場で，人
の話に耳を傾け，思い切って本音を語り，自己発見や孤立感からの脱却を目
指す」グループであると案内チラシには説明書きがあり，10名前後の母親
が参加を申し込んだ。彼女たちは，リーダーとは別のプログラムコーディ
ネーターとの事前個別面接において研究参加に同意し，それぞれ自分の参加
動機を説明した。その参加動機の組み合わせからグループメンバーが構成さ
れた。本事例で示すグループは，発達障害の診断を受けた子どもを抱える
母親3名（A，B，C）と男性リーダー（50代），女性リーダー（40代）のグ
ループであった。リーダー達は，メンタライジング・アプローチの無知の姿
勢を取りながら，共感的承認を通してメンタライジングを高めていくことを
介入方針として意識していた。

　ここに，A，B，Cの参加動機を記しておく。3人の子どもを抱えながら
会社員でもあるAは，イライラしてしまう自分を変えることで子ども達の
変化につなげていきたいと語っていた。また日常では，夫に自分の性格が悪
いと指摘されることが多く，Aは「悲しい，疲れちゃう」と話していた。元
保育士のBは，長男の不登校，次男の育てにくさについて，自分で勉強して
色々な人に相談しても自分の関わり方が適切だったか自信が持てないままで
あることを語った。Bはその必死さが周囲に理解されていると感じられてい
ないことが明らかだった。医療領域で働くCは12年間の二人の発達の特性
を持った男児の子育てについてじっくり話す機会もなかったことから，この
グループへの参加を決めたと語った。

1．母親たちの心理状態の重なり合い：グループとしてのテーマ

　第1セッションから，AもBもともに医者，カウンセラー，教師たちに理
解されないことや関わりが不十分であるエピソードを語り，支援者への不信

感，家族からの関心や尊重が足りないことを思い思いに語った。自閉スペクトラム症の息子がいるCは，それまで比較的穏やかに聞いていたが，家事や子育てに忙殺されているAの話に堪りかねたように，Aも夫も共稼ぎであり，それぞれが置かれている状況に差があるわけではないこと，そして実際には，仕事をしている方が子育てよりも楽なこともある，と話し始めた。そこで以下のやり取りが生じた。

> **男性リーダー**：楽っていうのは？
>
> **C**：自分にストレスがかからないことですね。日本語も通じるじゃないですか。自分が心から，はらわたから煮え返るっていうことはないじゃないですか。働いていて。ありますか？
>
> **男性リーダー**：ありますよ
>
> **C**：一日に何回ぐらい？

　Cは家庭のイライラを知っているからこそ，仕事は自分の頑張りでうまく回すこともできることが余計にわかり，仕事の方がスムーズであることを説明した。Aは仕事には報酬がある，Bは子育てには頑張っただけの評価も出ず終わりも見えない，と口々に子育ての大変さを語った。そこで，男性リーダーは無知の姿勢を取って，Cの心理状態をさらに描こうと試みた。

> **男性リーダー**：分かった。でも，どんな風にはらわたが煮えくりかえるのか，ここでしゃべってないから僕分からない，聞きたいです。
>
> **C**：エレベーターにね，各階止まって開けて閉じてってずっと繰り返すんですよ。まったく意味が分からなくて。でもね，1年生ぐらいにようやく，それぞれの階で匂いが違うんだってことが分かったんですよ。そんな息子にはらわた煮えくり返ってもしょうがないじゃないですか。言葉が通じないから，止めても聞かないし，怒鳴ってもダメなら，もう叩くしかないじゃないですか。はらわた煮えくりかえるのを通り越して分からなくなってました。
>
> **男性リーダー**：すごく……すごく手がかかったんだね。
>
> **C**：朝から大声でマンションの端から端まで走ってました。本当に耐え

られなくて，もう前泊して，車で寝たらどうかとか，車のトランクに
入れてしまいたいとか，色々考えましたよ，でもそれはダメだっても
ちろん分かってるは分かっているんですけど……分かりますか？　そ
れでマイホームを買おうって思ったんです。でも，この時期のことは
あまり思い出せなくて……でも今はもう成長して，指示も少しづつ入
るし，仏みたいな悪意がない子なんです。

男性リーダー： もちろん上の子はいっぺんには分からないだろうけど，
さっきぶつって言ってなかった？

C： ぶちましたよ。止まんないです

男性リーダー： それほどに気持ちが揺れに揺れて，その繰り返しの錯乱
した状態が目に浮かぶようで，僕も苦しいなと思いました。そのすさ
まじい泣き叫びに耐え続けて我慢をして，周りも気にしてっていう状
況が相当苦しいだろうことは伝わってきました。

　男性リーダーはその当時の情動，その状況，その結果の苦しさを含めた共
感的承認を行った。その後，ＡもＢも子どもの声の大きさに対する困難を語
り，相談しても助けが得られなかったことにも触れた。その中で，Ａは息子
から「俺から逃げんな」と言われたことも語った。

　１セッション目の終わりには，男性リーダーが「このグループには『叫び』
がある」と伝え，その叫びには自分だけではなく，子どもの叫びも混じりな
がら誰も分かってくれない，「そういう騒音がずっと伝わってくる感じがあ
る」と言語化した。そして，叫びは騒音でもあって，本当に求めている，と
伝え，受け取り損ねることもあるから，ここで理解していけたらいいと共感
的に伝えた。女性リーダーも，夫や支援者に労いや助けを求めて話すと「叫
び」や「騒音」として聞こえてしまい，時には夫にさえも「嫌だったらやめ
れば？」と嫌味さえ言われてしまう。子どもを受け止めたいと思っているに
もかかわらず，本心が伝わらないことこそが辛いことではないか，とこれま
での文脈を踏まえて彼女達に共通した心理状態を共感的に承認した。

2. 言動の背後にある意図を考える

　1セッション目でグループとしてのテーマが共有されると，メンバーたちの落ち着きやメンバー間のかかわりあいが増えていった。2セッション目では，Aは家の庭木を勝手に切った際のエピソードを語り，夫が思いのほか怒ったことが理解できないと話した。そこで何が起きたかを皆で考えていった。Aは，この過程を通して，夫が庭木に思い入れがあったことに初めて気がついた。その後もAは夫が週末に何でも家族で行動したがることについて，休む間もないので「面倒臭い」と話すと，BがAの夫は幼少期は同じような体験をしてきたのかと聞いた。そこで初めてAは，夫の両親は喧嘩が絶えなかったことを語り始めた。

> **A：**兄弟でいつも押し入れから見ていたっていうのを語られたことがあって。家族仲良く，子どもに気を遣わせないようにしようっていうのを最初から言われていたんです。「俺たち気を遣ってたからね」って。
> **男性リーダー：**本当にびくびくして育ってきたんですね……。
> **女性リーダー：**だからAが怒るのが嫌なのでしょうか？
> **A：**多分そう。私が行き場がなくなってものにあたっていると，キレられるので。みっともないって。
> **男性リーダー：**（Aが怒っていると）怖くなってしまうのでしょうね。昔のお母さんが荒れているのを見ているようで嫌になってしまうのかもしれないですね。
> **A：**多分それをうまく言えないんだと思うんですよね。

　このセッションでは，普段Aを批判する夫が，実は怖さを感じていること，その点で脆弱さがあることなど，Aは再認識していった。さらに，Aの怒った姿に何を夫が見ているのか，何を体験しているのかを皆でメンタライズするプロセスが生じた。夫の言動の意図に注目していく展開が起きてきたのである。

3. 偽りのなさ（authenticity）

　初日の最後の3セッション目では，AとBが女性リーダーに関心を向け，子どもがいるかどうかを聞いた。Aがイライラする気持ちをどうするのかを聞いてみたかった，と話した。

　メンタライゼーション・アプローチのセラピストは，率直であろうとし，時には自己開示も行う。それは，セラピスト自らが自分自身の言動に責任を持ってメンタライズする姿を見せていく狙いも含まれている。女性リーダーは自分も子どもに対して感情的になってイライラすることはあることを認め，そのような時には自分の気持ちを我慢したり，完璧さを求められているかのようなプレッシャーを感じていることが多いことを伝える。

　その後，Aは息子自身がストレスをたくさん抱えて帰ってくることや，Bは息子も自分も内に秘めて体調不良になってしまうことを語った。男性リーダーが「誰かねぎらいの言葉を旦那から欲しがっていたけれど，それは息子さんも同じだね」と伝えると，Aは納得する。ここで，A，Bはそれぞれに，息子たちが頑張れど学校では怠け者扱いされてしまう辛さ，自尊心が下がってしまうことなどを吐露する。その中で，二人はともに，母として頑張ってくださいと言われても，何をどうしたらいいのか分からないことも多い，と無力感を話した。

　セッションの最後には，Bは息子の同級生の母親たちには警戒し，ママ友は理解してもらえないから作らない，家のことも，子どものことも話せないし，話すと噂になって広まる，と安全感のなさを語り，Aも人間不信気味であることを認める。

> A：みんなマイナスを経験している人だったらいいんですけど，そうじゃないと理解もしてもらえないし，なんか話のネタにされちゃうっていうか。自分より不幸なお母さん発見ってなっちゃう。
> B：そうすると面白いネタになっちゃうんです。

　Cは兄の特別支援学校の母親たちとは話せても，幼稚園では話さないことに気づく。このように3人はそれぞれが日常的に体験している孤立感を率直

に語り始めていった。

4. 個人のテーマの浮上

　翌日のセッションでは，AとBは，それぞれ夫が自分たちの状況を理解し
ない怒りを引き続き語った。男性リーダーはBが夫に対してなぜそこまで怒
るのか，無知の姿勢で聞いていくと，Bが外で必死に働こうとしてきたこと，
それが元気になることでもあったことが分かってきた。男性リーダーは「だ
からそんなに働こうと一生懸命にしておられたんだね」と伝え，Bが変わり
たいと思っているのは伝わっている，と共感的に承認した。その後Bは，安
心して語れる場への求めや安心感がなくなって人間不信になった経緯，夫と
の関係性を語った。その中で，ふとこう言った。

> B：私，旦那から料理を教わったんですよ。母が22の時に亡くなって，
> 　　その前から闘病していたので私は父からも家事を学んだんです。

　Bは，母の死についてこの4セッション目から少しずつ触れ始めた。その
翌セッションでは男性セラピストがBの母が早逝し，料理を夫や父親から
習ったという体験がどんなものだったか無知の姿勢で聴いていくと，Bは女
性にとって結婚や子育てをする中で母親の存在がいかに大事かを語り始めた。

> B：母親ってすごい大事な存在で，それが子どもを産む，結婚する前に
> 　　もういなくなっちゃったっていうのが，私にとって本当に最大の悲し
> 　　みで，そのことに対して軽い言い方をされるとやっぱりつらくて……
> 　　本当に私の気持ちをわかってくれる他人っていうのがいない（と語っ
> 　　て，母が亡くなった短大のころ，家族も大変だったこと，それへの
> 　　フォローが誰からもなかったことを話した）。
> 男性リーダー：Bにはデリケートな重い体験があって，そこに入ってこ
> 　　られると許せない感じがあるのでしょうね。
> B：（周囲から「頑張れ」と言われることが一番辛かった。頑張っても母
> 　　は亡くなってしまって，頑張れと言われると突き放されたように感じ

ていたことを語って）「お前が何とかしろ」って言われているようだっ
たのが，本当に辛くて……。

　女性リーダーは，Bには深い悲しみがあることが分かる一方で，何を言っ
ても大丈夫そうな雰囲気も同時に感じていることも伝えると，Bはこう話し
た。

> **B**：あまりそういう機会がない限り極力明るく余裕を見せたい。なんて
> 言うか，相手が気を遣うのが分かっちゃうから……泣くと母親が悲し
> むから泣くなって親戚に言われてきたんです……だから引きずってい
> るんですよね。最近ようやく泣けるようになったんです。10年近く
> 泣けなくて。自分で感情に蓋をすることに慣れちゃったんでしょうね。
> **男性リーダー**：Bの悲しみのパターンがあるよね。やっぱりケアされて
> いないっていうのがすごいありますよね。
> **B**：なんでもほったらかされる。

　B自身の怒りの背後に，援助者や夫に対する不信感や頼れなさがあり，そ
れについて詳細に聞いていった結果，一番理解してほしい夫や姑との間に温
度差が生まれてしまうのは，母の喪失に関わることであったことが浮かび上
がってきた。
　その後，青年期時代の話をAもBも語る中で，次のようなやり取りが生じ
た。

> **男性リーダー**：Bにわがままに生きてきた時代があるの？
> **B**：あんまりないですね。家ではがんばっていい子をしていて，あんま
> りわがまま言えなかった。妹がいてお姉さんでいなきゃっていうのが
> あって，妹がうらやましいなって思う。自由奔放なんです。
> **男性リーダー**：自由でうらやましいんですね。
> **女性リーダー**：「ケアされていない」には守られていない，というのも
> あると思ったんですね。
> **B**：でも……部活はすごい大好きで，不登校にならなかったのは部活の

> おかげだと思ってます……（Aが頑張ってるものがないと言っていた
> のに対して）私もずっと頑張ってきてない自分がいるってずっと思っ
> てて。成し遂げてないというか。私は幼児教育科出てるけど幼稚園教
> 諭しか持ってなかったんですね。それが中途半端な気がして……保育
> 士の資格を3年前に自力で勉強して取得したんですよ……それでやっ
> と頑張ったと思ったんですよ。……本当にすっげえ私の人生，中途半
> 端と思ったんですよ。

　Bは保育士資格を必死で取り，母の喪失で中断してしまった青年期からの
課題に向き合った。だからこそ，仕事は夫に最も認めてもらいたい頑張りで
あることが皆に伝わった。このグループの最後にBはこう語った。

> B：すごくいい機会でした。安全な状態でしゃべれるっていうのは，す
> ごい本当に。パターンって言うのは本当にああそうだなっていう。結
> 構腑に落ちるところでした。そのパターンに陥らないようにスモール
> ステップで心がけていきたいなと思います。

　このグループでは，「叫び」を通して，その奥にある気持ち，考えや意図
に少しずつ触れていったプロセスがあった。Aは，自分の怒りが夫に届かな
い背景には，夫自身が傷ついた自己を抱え，Aの怒りを敬遠していたことに
思いをはせることができるようになった。他者としての夫の姿が見えてく
るようになると，A自身の姿も同時にグループのメンバーから見えるように
なっていった。例えば，Aは子育てがとても丁寧で，自然な感じがとても素
敵に映った。ここでは全て紹介できないが，魚や昆虫好きな息子に寄り添う
姿はなかなかのものだった。そして，このことはAにとって自信になりえ
るものだった。
　一方Bは，当初から援助者への不信を語り，孤立した状態が鮮明であった。
それが，グループでその不信感そのものの奥にある気持ちや彼女の意図に触
れていく中で，「安心」を体験した。そして，母を亡くしたこと，子どもた
ちのことでケアされていないことへの憤り，傷つきを「悲しみ」として体験
していたことが言語化された。Bは人と話すことでの安全感を体験できたこ

との意味が大きいようだった。

　母親たちは，怒りの背後にあった，喪失やケアされなかった悲しみ，傷つきに触れ，それぞれに心から理解されたいと願いながらも，「叫び」がそれを阻んでいたことを理解するに至った。それは，彼女達の心に多様な自己，そして他者の存在が再び見出されていった過程であるともいえ，安全感を体験して，認識的信頼のチャネルが開いていった過程であったと考えられる。

　技法的な観点から考えると，リーダー達の無知の姿勢による探索によって，母親たちの混沌とした叫びの中からそれぞれの体験がより明瞭になっていき，その心理状態の情緒に対する共感的承認をすると，自分だけではなく，相手の気持ちや意図にも関心が湧き，これまでとは異なった視点に開かれていったように思われる。また，語られていること以上に，リーダー達が黙示的に感じていたことを，言葉にして明示的にメンタライジングすることによっても，彼女たちの人生に様々な体験があることを浮かび上がらせていったと考えられる。

IV．まとめ

　村上（2017, p.116）は，虐待へと追い込まれた母親たちの回復を支えた3つの大きな要素として，①一人ひとりの参加者がもともと持っている「生きようとする力」「変化に向けての力」，②安心感を作り出すこと，③経験を説明する言葉を見つけ出すことを挙げている。そしてグループにおいて，他者の経験を聴き，自分の経験を聴いてもらうことで，グループに心理的依存とは異なるホールディング（支え）が生じ，かつて孤独だった暴力の経験を共有する母親たちが，世界の中に自分が存在する力を見出していく過程があったと考察している。さらに，彼女たちが自分の経験を語る言葉を発見するということは，自分自身の体を発見し，そして連携可能な社会関係を発見していくことでもあり，それは，子どもと家族，体や自然とのつながり，場所とのつながり，そして埋もれた過去の経験と今をつなぎ直していくことでもある，とも述べている。これはまさに，本事例のグループの過程とも重なる。特に，経験を説明する言葉を見つけ出す過程を助けていく際に，リーダー，

そしてグループに醸成された無知の姿勢の文化が，彼女たち一人ひとりの埋もれた過去の経験，そして今の体験に与える言葉を紡ぎ出していくことを支えたと思われる。またそのプロセスは，グループの安全感に支えられたものと考察する。

　難しい子育ての中で，社会の中で孤立し，また家族の中にあっても母親としての自分に自信が持てず，家族の中でも孤立感を感じていた彼女たちの言葉は，グループ開始時リーダーたちには「叫び」に聞こえた。おそらく彼女たちにとっても叫びであって，言葉ではなかった。叫びであるがゆえに，普段の環境の中で理解されなかったこともあっただろうし，本人たちも叫びにしかできないことに苦しんでいただろう。しかし，その叫びに対して，「分からない，分かりたい」と伝え続け，叫びの奥の体験に触れられたときに発せられるリーダーの「すごく……すごく手がかかったんだね」などの中にある共感的承認の体験的な言葉に代表される，やり取りの綾によって，村上（2017）の言うところのホールディングが生じ，authenticな自己に向かっていく変化の流れは，「母親」としての自己を越えて，個人的な歴史に支えられたアイデンティティに言葉を当てることにつながっていったのではないだろうか。

　反面，叫んでいる人と共に過ごすことは苦痛である。グループの中でも，母親たちがいかに叫ぶ子どもと共にいることが辛いことであるかは語られていた通りである。そして，叫んでいる彼女たちに耳を向けること，何かを伝えることの難しさを，リーダーたちは体験していた。そこに，メンタライゼーションの理論で近年特に注目されている「私たちモード（we-mode）」（Gallotti & Frith, 2013a）もしくは，「私たち感覚（we-ness）」（Gallotti & Frith, 2013b）はない。この私たち感覚（we-ness）は社会的な協働の礎であり，自分を超えた思考や感情の一部であることが，人間らしさの本質であることを伝えている。そして，共に考えることで，私たちモード（we-mode）と呼ばれる社会的認知の集合的な形態が生まれるところに，メンタライジング理論の目指すところがあるとFonagy（2021）は示している。この感覚に参与できないということは，社会的に孤立しているということである。彼女たちがそうであったように。メンタライジングの理論は，叫ぶのではなく，お互いが自分の経験を言葉で紡いでいけるような，安全感を作り出すことができる

と，筆者たちは感じている。

付記　本研究は，第 34 回マツダ研究助成―青少年健全育成関係―の助成を
受けている。また，研究の実施に当たって聖学院大学研究倫理審査の承認
を受けている（審査番号 2019-4b）。

文　献

Fonagy, P.（2021）Foreword. In T. Rossouw, M. Wiwe & I. Vrouva. (Eds.). *Mentalization-based treatment for adolescents: A practical treatment guide.* Routledge.

Fonagy, P. & Allison, E.（2014）The role of mentalizing and epistemic trust in the therapeutic relationship. *Psychotherapy, 51*(3), 372-380.

Fonagy, P. & Campbell, C.（2017）Mentalizing, attachment and epistemic trust: How psycho-therapy can promote resilience. *Psychiatria Hungarica, 32* (3), 283-287.

Fonagy, P. & Luyten, P.（2016）A multilevel perspective on the development of borderline personality disorder. In D. Cicchetti (Ed.). *Developmental psychopathology.* Vol. 3: Risk, disorder, and adaptation (3rd Ed.). (pp. 726-792). John Wiley & Sons.

Fonagy, P., Luyten, P., & Allison, E.（2015）Epistemic petrification and the restoration of epistemic trust: A new conceptualization of borderline personality disorder and its psycho-social treatment. *Journal of Personality Disorders, 29*(5), 575-609.

Fonagy, P., Luyten, P., Allison, E., & Campbell, C.（2019）Mentalizing, epistemic trust and the phenomenology of psychotherapy. *Psychopathology, 52,* 94–103.

Gallotti, M. & Frith, C. D.（2013a）Social cognition in the we-mode. *Trends in Cognitive Sciences, 17,* 160–165.

Gallotti, M. & Frith, C. D.（2013b）Response to Di Paolo et al.: How, exactly, does it "just happen"? Interaction by magic. *Trends in Cognitive Sciences, 17,* 304–305.

Midgley, N., Ensink, K., Lindqvist, K., Malberg, N., and Muller, N.（2017）*Mentalization-based treatment for children: A time-limited approach.* American Psychological Association. 上地雄一郎・西村馨監訳（2021）メンタライジングによる子どもと親への支援：時間制限式MBT-Cのガイド．北大路書房．

村上靖彦（2017）母親の孤独から回復する――虐待のグループワーク実践に学ぶ．講談社．

大日向雅美（2015）母性の研究――その形成と変容の過程：伝統的母性観への反証．日本評論社．

大橋良枝（2019）愛着障害児とのつきあい方：特別支援学校教員チームとの実践．金剛出版．

第**13**章

メンタライジングに基づく 親と子の関係性改善プログラムの作成

牛田美幸

Ⅰ．はじめに

　メンタライジングという概念の出現は，それまで無意識で行っていた「心をみる」ということを我々に意識させるようになった（白波瀬，2017）。我々のグループは以前より「心をみる」ことで親と子の関係性を改善する関係性の診療の開発に取り組んできた。2007 年に開始しており，2022 年 5 月現在までにおよそ 500 例実施している。我々は，このアプローチをメンタライジングに基づく親と子の関係性改善プログラムと考えている。

1. 我々医療者がメンタライズするということ

　生物医学モデルを用いる現代の医療では，子どもが暴れるなどして来院すると，子どもが患者として扱われる。「子どもに易怒性がある」「衝動性がある」と捉えられ，子ども個人の問題とされる。そして，子どもへの投薬や子どものトレーニングなど，子どもが治療対象となるのである。

　しかし，臨床現場においては，子ども個人に病理があるというより，親と子などの関係性に病理があるとしか思えないケースにしばしば遭遇する。Emde らは『早期関係性障害』の中で，「臨床家が受ける伝統的な訓練では，障害は個人に対して診断され，関係性や関係性の病理は存在していない。われわれはこの空白を埋める必要がある」と言っている（Sameroff & Emde, 1989/2003）。関係性障害に関する診断カテゴリーが存在しないことは医療者

が関係性の病理を認識しにくい一因であろうが，それだけではなく，主観を排除する訓練を受け，主観を排除した医療を日々実践している我々が関係性を認識しづらいということは想像に難くない。関係性を認識するためには，二者双方の感情を感じ，二者双方の発言や行動の意図を汲む必要がある。いわゆるメンタライズする力が強く求められるのである。我々が提案するのは，関係性の診療であり，我々医療者がみずからのメンタライジング能力を強化することである。

2. Mentalization-Based Treatment（MBT）とのちがい

メンタライジングを提唱したFonagyとBatemanは，パーソナリティ障害患者のメンタライジング能力が低いことに注目し，患者個人のメンタライジング能力を向上させることで症状改善を目指す治療プログラム，MBTを開発した（Allen & Fonagy, 2006/2011）。MBTは個を扱うのに対し，我々のプログラムは関係性を扱う（牛田，2020, 2022）。そのため，子どもが暴れると来院したとしても，我々は問題とされる子どもではなく，親に働きかけることで治療するのである。

3. 愛着の問題とメンタライジング

親と子の関係性は，愛着の問題と言い換えられる。愛着の問題は，一般には乳幼児期の問題として捉えられている。そのため，子どもが暴れるなどして問題が顕在化した時，その時点ではなく，乳幼児期の問題にさかのぼり，愛着障害もしくは愛着スタイルの問題として語られる。「愛着スタイルを形成する乳幼児期に問題が生じたために他の人と愛着を形成する力に支障をきたしている」と解釈されると，問題が起きた学童期や思春期の時点ではすでに遅すぎる，ということになる。関係性の問題として捉えようとしているはずの愛着が，子どもの「易怒性」「衝動性」と同様，子ども個人の問題とされているのである。「感情がぶつかりあう」という形で，我々の前でビビッドにくりひろげられている現在進行形の「関係性の問題」をリアルタイムで認識するためには，我々医療者みずからのメンタライジング能力を強化する

ことが必要である。

Ⅱ. 愛着理論と我々の仮説

　親と子の関係を考える時，愛着はやはり中核にある。一般には，乳幼児期に形成される愛着スタイルの問題とされる。しかし，我々の捉え方は少し異なる。最初に愛着の概要を記し，その後，我々の仮説について述べる。

　愛着とはある人物が特定の他者との間に結ぶ情緒的な絆である。イギリスの精神科医John Bowlbyにより提唱され，Mary Ainsworthらとともに理論立てられた。子どもは危機を感じると主たる養育者（以下，母親という語で養育者を代表させる）のもとに駆け寄る。母親に接触を求め，危機が去るまで待避する。危機が去ると，再び母親から離れて探索行動を始める。このとき，母親は子どもにとって安心基地として機能している。これは子どもが生き延びるのに有利に働く。

　Ainsworthがストレンジ・シチュエーション法（SSP）を通して見出した愛着スタイルはよく知られている（第1章参照）。DSM-5が精神病理を持つ人々を対象としているのとは異なり，愛着スタイル研究は一般の人々を対象としている。またDSM-5に収載された反応性愛着障害は，愛着スタイルにより判断されるわけではない。反応性愛着障害は，親がいなかったり虐待を受けたり施設に収容されているなど過酷な状況下にある子どもにおいて，人と愛着を形成する能力に問題が生じている例を指す。

　BorisとZeanah（1999）は愛着スタイルの安定型，非安定型とDSM-5の反応性愛着障害とを一連のスペクトラムとしてとらえることを提案した（図13.1）。乳幼児だけでなく，年齢が長じた子どもはもちろん，おとなであっても危機に陥ったときには愛着対象に接近しようとする。愛着対象を安心基地として探索行動を行う。よちよち歩きの幼児が母親のもとを離れて探索するのも探索行動であるが，小中学生が友だちを作るのも探索行動，学校に行くのも探索行動，新しい知識を身に着けるのも探索行動である。おとなが人と会うことも探索行動，仕事をすることも探索行動である。

　それらを踏まえ，以下の仮説を提示したい。

適応的 ── 非適応的

　Level1.　安全型

　　　　Level2.　非安全型（回避・抵抗型）

　　　　　　　Level.3　非安全型（Disorganized）

　　　　　　　　　Level.4　アタッチメント障害（安全基地の歪み）

　　　　　　　　　　　Level.5　アタッチメント障害
　　　　　　　　　　　　　　　（non-attachment/RAD）

図13.1　アタッチメントの型と「アタッチメント障害」との関係
（Boris & Zeanah 1999）

1．激しいかんしゃくを起こす子ども，暴れる子どもは SSP にお けるアンビバレント型と同じことが起きているのではないか

　子どもはなんらかの負荷がかかった際，母親のもとに飛び込んで行きたい衝動にかられる。これは本能に基づく強い衝動である。安定型の子どもは，物理的にも心理的にも母親のもとにまっすぐ飛び込んで行ける（図13.2）。母親のもとでなぐさめを受け，不安や恐怖は解消される。ところが，不安定型の子どもはまっすぐに飛び込んで行けない（図13.3）。回避型の子どもはそもそもつらさを感じないようにしており，つらさを感じないことで母親に飛び込んで行かなくてもよい状況を作る。アンビバレント型の子どもは物理的には飛び込んで行っても，心理的には大きな葛藤を抱えている。激しく泣く，なかなか泣き止まない，母親に怒りをぶつける。このような時，子どもの中では，「このような思いをさせられることへの怒り」，「接近することで傷つくかもしれないことへの恐怖」，「どうしても母親を求めてしまうせつなさ」など，さまざまな感情がせめぎ合う。

　さて，ここで，このようなことは乳幼児だけに起きることなのであろうか。日ごろ我々が診療の中で遭遇する子どもたちには起きていないのだろうか。中学生，高校生，大人にも起きていないのだろうか。

2．母親のもとに飛び込んで行くのに強い葛藤を持つということ は，子どもに愛着トラウマが存在するのではないか

不安定型の愛着スタイルが形成される理由として，一般的には，「母親の

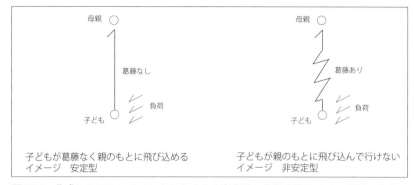

図13.2　作成したアタッチメントスタイルの安定型と非安定型のイメージ図　その1

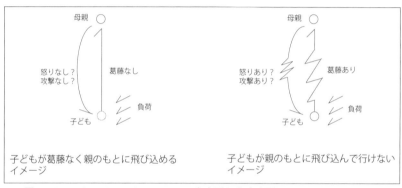

図13.3　アタッチメントスタイルの安定型と非安定型のイメージ図　その2

子どもからの要求に対する感受性や応答性が低いこと」があげられる。しかし，これが本質なのだろうか。子どもは母親が自分の要求に応答してくれないから飛び込んで行けないのだろうか。我々は愛着トラウマの存在が重要な役割を担っているのではないかと考える。傷つくかもしれないという恐怖が，接近すること，飛び込んで行くことに葛藤を生じさせているのではないだろうか。愛着トラウマが作られないようにし，子どもが親に飛び込んで行けるような図式を作ること。これが，我々が目指すところである。

3．親と子の関係性に問題があるとされた際，最も抵抗を感じるのは母親ではないか

母親は周囲からの非難の対象となりがちである。親と子の関係性に問題が

あるとされた時，最も抵抗を感じているのは母親ではないか。この部分をていねいに扱うこと，それが親と子の関係性への介入の最大のポイントではないかと思われる。

1）「あなたは悪くない」モデルの作成

母親がみずからを責めることがないよう，また周囲から責められることがないよう，我々は2つのモデルを作成した（図13.4）。1つ目は「あなたも子どもも一連の作用の下流にいる」，2つ目は「コミュニティに負荷がかかったとき，最もセンシティブな関係に現れる」である。家族などコミュニティに負荷がかかった時，最も脆弱な部分である親と子の関係性に問題が現れているのではないかと思われる。

2）親と子の関係性の悪循環における心理社会モデルの作成

我々は親と子の関係性の悪循環における心理社会モデルを作成した（図13.5）。我々が注目したのは，親もさまざまなコミュニティの中で生きているということと，周囲からのまなざしを強く意識しているということである。親は不安が高まると，子どもを動かすことで安心を得ようとする。ところが，子どもが思い通り動かないと不安が掻き立てられ，より強い力で子どもを動かそうとする。時には怒りをぶつける。これに対し，子どもは反抗し，怒りは親と子どもとの間で増幅される。親から怒りをぶつけられると，子どもの

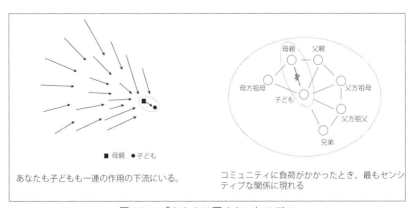

あなたも子どもも一連の作用の下流にいる。　コミュニティに負荷がかかったとき、最もセンシティブな関係に現れる

図13.4　「あなたは悪くない」モデル

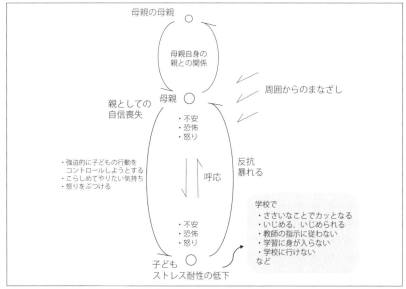

図13.5　我々が作成した親と子の関係性の悪循環における心理社会モデル

ストレス耐性は下がる。ストレス耐性の下がった子どもが学校など集団に入ると、ささいなことでカッとなる、いじめる、いじめられる、教師の指示に従わない、学習に身が入らない、学校に行けない、など、さまざまな問題が生じる。親はさらに子どもをどうにかしようとする。このように、親と子の関係は悪循環に陥るのである。

　そしてそれらは、次の仮説に連なるのである。

3）問題をあらわしているのが子どもであったとしても、このような状況を改善しようと考えるのであれば、親の方にアプローチする方が理にかなっているのではないか

III．メンタライジングに基づく親と子の関係性改善プログラムの実際

1．概要とプログラム内容

　本プログラムの概要を表13.1に示す。本プログラムは親を対象とする。子どもが親に葛藤なく飛び込める図式を作ることにより事態を変化させることを目指す。そのためには心の面から見ることが必要であり，メンタライジングがベースとなる。対話したり，文章を書いたりすることで，自分を客観的に振り返る。また，傾聴やアイ・メッセージ（I-message，「私」を主語にして相手に伝えること）を学ぶ。これらは，自分の心，相手の心など，心に注目したものである。これらによって心のありようが理解される。また，同時に，子どもが飛び込んでいきやすい状況が準備される。表13.2に主なプログラム内容を記載した。

表 13.1　我々のプログラムの概念

・親を対象とする
・親ガイダンスでもないし，親支援でもない
・関係性の治療である
・子どもが親のもとに葛藤なく飛び込める図式を作る
・メンタライジングをベースとする精神療法である
・回数限定である

表 13.2　プログラム内容

・オリエンテーション
・子どもへの"怒り"を整理する
・子どもに"させる"をやめることで、親が子どもに怒りをぶつけることをやめる。
・自分が"させられる"をやめることで、自分が怒りをため込むことをやめる。
・傾聴を学ぶ
・アイ・メッセージを学ぶ
・視点を広げるワーク（リフレーミング）
・前後の状況を比較する
・修了式

2. チームとして我々が親の安心基地となる

　母親が状況を変化させるためには，彼女たちにとって安心できる場が必要である。そのような場を作るためには，我々が彼女たちをどう捉えるかということが重要となる。

　我々のスタンスを表13.3にあげた。

3. 怒りの整理と怒りをぶつけるのをやめること

　母親の怒りを整理する。何に怒っているのかということを書きあげてみる（図13.6）。書き上げた項目について，ていねいに話を聴いていく。宿題をしないとか，部屋を片付けないなど，日常のこまごましたことがあげられる。信じがたいことかもしれないが，実際，このようなささいなことがきっかけになり，刃物が出るような事態に発展するのである。親はほかのところで深く傷ついたり怒ったりしていることも多い。子どもをこらしめてやりたいと思っていることもあるし，意地になっていることもある。ほかの誰かに対する怒りを，ぶつけやすい子どもにぶつけやすい名目でぶつけていることもある。

　一般に，親が不安を感じたとき，親は子どもを動かすことで安心を得ようとする。不安が強ければ，強迫的にさえなる。小さな「すべきこと」は，ただの「すべきこと」ではなくなり，特別な意味を帯びてくる。親が子どもを動かそうとすることは，思ったように動かない子どもへの怒りにつながる。

表13.3　安心して参加できる場を作るための我々のスタンス

・「あなたは悪くない」
・「誰にでも起きること」
・「ちょっとしたことから悪循環に陥るもの」
・「あなたは，その時その時，精一杯のことをしてきた」
・「その時はそうせざるを得なかった」
・「そこからは一人では脱出できないものである」
・「今，あなたはこの問題に正面から取り組もうとしている」
・「あなたは勇気ある挑戦者である！」

猛烈に腹が立つこと	腹の立つこと
・刃物を持ち出す	・宿題をしない
・暴力をふるう	・脱いだものをかたづけない
・「お前のせいでこうなった」という	・するべきことをしない
・「死んでやる」という	⋮
・物を投げつける	
⋮	

図13.6　怒りの整理の記載例

　そこで，第一段階として，「すべきこと」を「すべきこと」でなくす。子どもを思ったように動かそうとすることをやめる。生活はざっくりまわす。たとえば，靴下が落ちていたら，それが気になるのは自分だから，こちらで片付ける。お互いが怒りで高まっているところから降りる。特別な意味を持たせてしまったものから離れる。多くの母親は子どもへの力をゆるめることに強い不安と抵抗を示す。我々は「何かあったら助けてあげるからやってごらん」「実験と思ってやってごらん」と支えている。

4. 子どもが親のもとに葛藤なく飛び込める図式を作る

　親が子どもの安心基地として十分機能するためには，ことばのやりとりのレベルから考える必要がある。「子どもに怒りをぶつけない」，「攻撃しない」ということは最低限必要なことである。だが，子どもの安心基地として十分に機能するためには，ことばのやりとりのレベルから子どもが葛藤なく飛び込める状況にすることが必要である。そのために我々が注目したのは，コミュニケーション・スキルとして発展した「傾聴」と「アイ・メッセージ」である。それらを実践することは，自分の気持ちや相手の気持ちなど，心に意識を向けること，すなわちメンタライズすることである。親が傾聴し，アイ・メッセージを用いることで，子どもが親に葛藤なく飛び込んでいけるような図式を作る。これは，親が安心基地としての機能を高めることとなる。

1）傾聴の学びと実践
　表13.4に子どもが「わかってもらえない」と思う親の返答をあげた。子

表13.4 子どもが「わかってもらえない」と思う親の返答（T.Gordon 1970 を改編）

説教	「あなたは〜すべきだ」
脅迫	「そんなことではたいへんなことになるよ」
非難	「あなたにも責任があるんじゃない？」
尋問	「なんで？」「どうして？」
指示	「〜しなさいって言ってるでしょ」
提案	「〜したらいいじゃない」
同意	「じゃ，そうしたら」
ごまかし	「もうその話は終わり」

どもが泣きごとを言ってきた時，それは子どもがこちらに飛び込んで来ようとしている時である。そのタイミングでの傾聴は子どもに大きな安心感を与える。親は傾聴を用いることで安心基地機能を格段に上げることができる。

悪い例
子ども：だれもオレのことわかってくれない。
母：そんなことないよ。みな，あなたのこと大切よ。このあいだって……（略）。
よい例
子ども：だれもオレのことわかってくれない。
母：あなたはだれもわかってくれないと思うのね

2）アイ・メッセージの学びと実践

相手を攻撃しない。相手の領域を侵さず，自分の感情を伝える。

例 次のような場面を想定し，アイ・メッセージを作ってみる。
　「いつもの時間になっても塾から帰宅しない中学生の娘。夜も遅い。携帯電話もつながらない。自宅は幹線道路沿いで車の往来も激しい。そこに，何食わぬ顔で娘が帰ってきた」。
　よくあるやりとり
　「こんな時間まで何してたの」
　「遅くなるんだったら電話してって言ってるでしょ」

「そんなに外がいいんだったら，外にいたらいい」

……本当に伝えたいことは何だろうか。なにも相手を傷つけたいわけではない。

→アイ・メッセージにするとどうなるか

「遅い時間に連絡もつかないと，何かあったんじゃないかと心配だ。心配を通り越して腹が立つ」。

Ⅳ．本プログラムの成果

　2015 年から 2017 年に子どもの心の問題を訴えて来院した家族を対象とした。当科のプログラムを受けた例のうち，最終フォローアップまでのスコアを得ることができた母親 84 例とその子ども 84 例を対象について検討した。母親の平均年齢は 40.6 ± 5.6 歳，子どもは男 58 例，女 26 例，平均年齢は 9.5 ± 3.2 歳であった（なお，今回の検討では，父親，祖父母，里親は除外した）。

　主訴は次のとおりである（重複あり）。「激しいかんしゃく」「暴れる」は 31 例，「学校における乱暴な行動」「教師の指示に従わない」「授業に参加しない」など，学校における問題行動は 20 例，「身体症状」3 例，「不登校」は 32 例，「抑うつ」は 34 例。

　プログラム施行後，「激しいかんしゃく」「暴れる」は，今回の検討ではすべての例で改善していた。学校における問題も改善が見られ，学年が変わるなどして，人的環境が変化した段階でさらに改善した。身体症状として現れていた 3 例はすべて症状が消失した。不登校，抑うつに関しても改善している。

　CBCL のスコアは次の通りである。プログラムスタート時 66.6 ± 8.7，プログラム中盤 62.1 ± 10.0，プログラム終了時 59.0 ± 9.1，プログラム終了後 3 か月の時点 55.7 ± 8.8。

　POMS のスコアは次の通りである。プログラムスタート時 31.2 ± 21.4，プログラム中盤 25.9 ± 19.8，プログラム終了時 15.8 ± 13.1，プログラム終了後 3 ヵ月の時点 19.0 ± 19.5。

　CBCL，POMSともにプログラム前と終了後，終了後3カ月の時点で，スコアに有意な低下（$p<0.001$）が見られた（図13.7，図13.8）。
この間，我々がアプローチしたのは親のみであったが，子どもに有意な変化が見られたことは，親の安心基地機能を上げることで，親と子の関係性を改善でき，子どものストレス耐性を高めたと考えられる。

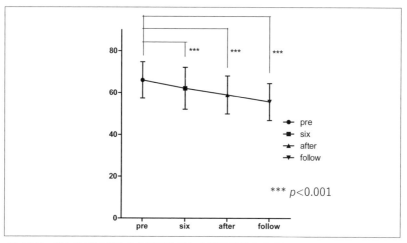

図13.7　我々のプログラムを親に施行した際の子どもの Child Behavior Check List
　　　　　（CBCL）の変化

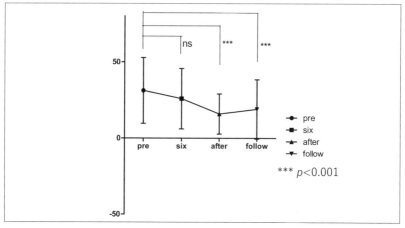

図13.8　我々のプログラム施行時の親の profile of Mood States（POMS）の変化

　参加者から見たプログラム体験を表 13.5 にあげた。自分の意思でプログラムに参加し，プログラムの場を安心基地とした母親が，対話を通して気づきを深め，子どもの安心基地としての機能を上げた。ふとしたことで子どもが自分の胸に飛び込んでくれる出来事が生じ，そこに感動が生まれ，それまで高まっていた怒りや不安が解消された。この**「感動体験」が事態を動かす**ことの意義は強調しておきたい。このような中で，それまでの親と子の図式が変わる。子どもがみずからの意思でみずからの課題に向き合えるようになると考えられるのである（図 13.9）。

表 13.5　参加者から見たプログラム体験

危機感のある動機	→	「やるしかない！」
安心できる場の存在	→	「ここでならできるかも！」
体験談による成功イメージ	→	「やってみたいかも！」
対話と書くことによる整理と気づき	→	「こういうことなのかも！」
期限のある具体的で明確な指示	→	「この期間，これだけならできるかも！」
感動体験	→	「これでいいんだ！」

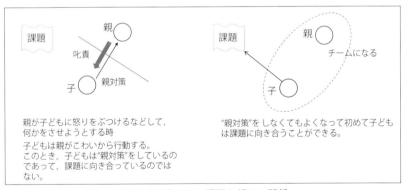

図 13.9　子どもと課題と親との関係

Ⅴ．おわりに

　医療者自身がみずからのメンタライジング能力を強化することは，新しい展開につながるかもしれないと感じている。

付記　本稿は 2021 年 7 月 4 日の日本思春期青年期精神医学会第 33 回大会ワークショップ「子どもへのメンタライゼーションの活用」における筆者の発表「親と子の関係性への介入の試み―親を対象としたプログラム―」を一部改変したものである。

文　献

Allen, J. G. & Fonagy, P.（2006）*Handbook of mentalization-based treatment.* John Wiley & Sons, Ltd. 狩野力八郎監修・池田暁史訳（2011）メンタライゼーション・ハンドブック. 岩崎学術出版社.

Boris, N. W. & Zeanah, C. H.（1999）Disturbances and disorders of attachment in infancy: An overview. *Infant Mental Health Journal, 20,* 1-9.

Gordon, T.（1970）*Parent effectiveness training.* Harmony Books. 近藤千恵訳（1998）親業. 大和書房.

Sameroff, A. J. & Emde, R. N.（1989）*Relationship disturbances in early childhood.* 小此木啓吾監修 井上果子訳代表（2003）早期関係性障害. 岩崎学術出版社.

白波瀬丈一郎（2017）メンタライゼーションという概念の発見. 精神療法, 43(4), 55-59.

牛田美幸（2020）心で心を思うこと――メンタライゼーションと子どものこころ. 小児心身症研究, 27, 22-25.

牛田美幸（2022）親と子の関係性への介入――親を対象としたプログラム. 思春期青年期精神医学, 32(1), 14-24.

第IV部
子どもの MBT に期待すること

　第IV部は，これまで直接メンタライジングの臨床に関わられたわけではないが，メンタライジング，子どもの MBT を応援してくださった 2 人の先生による，MBT への期待について述べられたものである。

　第 14 章で，齊藤万比古先生は，ご自身の児童精神科での長年のご経験をもとにしたメンタライジングの理論と臨床の意義について考察しておられる。第 I 部～III 部を読んだ後に読むと，メンタライジングの理論と臨床の重要なポイントが再認識され，理解を深めるものとなるだろう。

　第 15 章は，生地新先生による，児童養護施設での MBT の実践に向けた課題である。ご自身のコンサルテーションのポイントを通してメンタライジングの意義を逆照射され，施設でのメンタライジング臨床導入の課題を的確に指摘してくださっている。

　お二人が叡智を分けてくださったことに深く感謝したい。

　なお，付録として，北原が「日本におけるメンタライジングの測定ツール開発の現状と課題」をまとめている。課題を踏まえて，今後の発展のための参考になれば幸いである。

（西村　馨）

第14章

メンタライジング理論の
児童精神科臨床へのインパクト

齊藤万比古

Ⅰ. はじめに

　47年前，児童精神科臨床の研修を力動的発達論とそれに基づく治療技法としてのプレイセラピー（遊戯療法）の修練から開始した筆者は年を経るにつれ，子どもの精神疾患や問題行動の原因を，親子関係をめぐる子どもの空想的願望とそれによって生じる葛藤およびその防衛という観点からだけで説明することに疑問を感じるようになった。また，当時の精神分析優勢な議論の中でパーソナリティ障害の起源を漠然と最早期の不適切な母子関係に求める傾向が強いことにも納得できなさを感じるようになっていた。こうした疑問は一方では脳機能の生来性という点で，現在でいう自閉スペクトラム症（以下 ASD）や注意欠如・多動症（以下 ADHD）などの神経発達症の特性が自己やその優勢な機能構造を意味するパーソナリティの発達をその出発点から規定していることにもっと注目すべきという思いを強め，もう一方で子どもの精神疾患の病因論を親子関係とりわけ母子関係の問題に仮託し，まるで神話のごとく「最早期の不適切な母子関係」と呼ぶ「開かずの引き出し」を作ってしまう風潮への違和感を強めることにつながった。現在筆者は，子どもの患者にとって最早期の乳幼児期の経験とは昨日の現実的で具体的な経験であり，そうであるがゆえにそれは神話ではなく「事実」そのものであるという点に真摯に向き合わねばならないと考えている。

　この考えに関して意を強くしたのは，最近出会ったボウルビィの晩年の言葉である。ボウルビィは1985年4月にミラノで開催された臨床セミナー

における基調講演後の全体討論で，「子どもとの臨床作業や家族との臨床作業を経験したおかげで，いつも実体験が重要なのであると明確にされました。」（訳書70頁）と述べるとともに，「一言いわせてもらえれば，私の経験では，成人患者だけを相手にしている精神科医や精神分析家の大半は近年の発達心理学分野での研究に関して全くの無知のようです。」（同70頁）と続けている（Bowlby, 2013）。これらは，メラニー・クラインのスーパービジョンを受けた精神分析家であったボウルビィがアタッチメント理論を深めていく過程で，子どものナラティブを空想，すなわち子どもの内面でだけ起きていることとして扱う精神分析の枠組みから距離を置き，養育環境の中で現実に子どもが経験した実体験としてとらえることの重要性に注目することでたどり着いた言葉と思われる。いま・ここで生じている現象の詳細な観察から抽出されたアタッチメント理論とその発展過程を振り返ると，精神分析からアタッチメント理論へのボウルビィの思想的大転換が子どもの心とその発達過程の理解にもたらしたパラダイム・シフトの意義は大きいと筆者は感じている。

　アタッチメント理論は人生最早期における母親（養育者が母親ではない場合もありうるがそれを含めここでは母親と表現する）と子どもとの相互交流およびそれによる相互作用の場（あるいは器）の概念を提供してくれている点で非常に重要である。しかし，その場ないし器の中で乳幼児に何が生じているのか，例えるならそこでどんな化学反応が生じているのかという問いに十分答えきれていないように感じるのも筆者の正直な思いである。さらにメンタライジング論やその脳科学的基盤を提供する「心の理論」論の詳細を知るにつれ，子どもの発達過程，とりわけその最早期を神話的なブラックボックスのままにとどめず，人間の心の成立過程を明らかにしていくために，もっとメンタライジング理論を活用すべしと思ってもいる。

II. メンタライジングとは何か

　まず筆者なりのメンタライジング概念の枠組みを示しておきたい。よく知られているように，メンタライジングは「行動を志向的な精神状態と結びつ

いているものとして想像力を用いてとらえ解釈すること」（Allen, 2006）と
定義されている。アレンら（Allen et al., 2008）はメンタライジングの諸相
をより具体的に解説しようとして「手ごろな定義（handy definition）」と呼
ぶ「心を心で思うこと」をはじめとする 5 項目を提示し，メンタライジング
の諸側面を描き出そうとした。これらの表現を吟味すると，メンタライジン
グ理論は行動や情動を通じて表現された他者の精神状態を自己のそれとは別
の自律的かつ独自な世界として想像し理解する機能であることにとどまらず，
現に感じている自己の精神状態が他者の心にはどう映りどう感じられている
のかをとらえる機能でもあることがわかる。この「他者の目で自己をみる」
という能力を持つがゆえに，人間は主観的自己像と他者の目に映る自己像と
を照合し，それによって主観的自己像を修正することが可能となったのであ
ろう。

　他者の心を理解することはそれを理屈抜きで直観的にわかることと，なぜ
そうなのかを考え命題としてわかることの 2 種類のメンタライジングによっ
て支えられる認知機能であり，前者が黙示的メンタライジング，後者が明示
的メンタライジングである（Allen, 2006）。他者の心の理解は実際には考え
る前にすでに直観的に結論が出ており，それを論理化し命題として説明可能
にしたり，その過程で直観的理解の微修正がなされたりすることで総合的な
理解の水準に至るのである。このように，他者の心を理解するためには黙示
的および明示的メンタライジングの両者がバランスよく作動することが必須
であり，そうであってこそ心の理解は正確さと深みを獲得できるのではない
だろうか。これこそが黙示的メンタライジングが作動せず，主に明示的メン
タライジングによって心を理解しようとする ASD 者がなぜしばしば他者の
心を理解し損なうのかという疑問への答えとなるである。

III．乳幼児期のメンタライジング機能

　メンタライジング機能は前項で述べたような水準で最初から存在している
わけではなく，出生後間もない段階の乳児の原始的で素朴なところから出発
し，徐々に発達して前項で述べた黙示的および明示的メンタライジングの協

働する水準に到達していくものととらえるべきだろう。例えば乳児は出生後間もなくから母親の自分に向けた行動や言葉かけを特別なものとして認識し，同じような表情，同じような発声，そして同じような動きで反応することはよく知られている。この母子の相互性あるいは相補性は，出生後間もなくから母子間の活発な相互交流とそれを通じた乳児のメンタライジングがまがりなりにも始まっていることの証拠であるだろう。しかし人生最早期のメンタライジング機能は前記のような母親の働きかけへの反射的応答が中心であり，自分に働きかけてくる対象たる母親像はボンヤリとしており，母親の心に映し出される自己の認知もきわめて直観的かつ感覚的な水準の未成熟な自己感にとどまるはずである。

　その後，アタッチメントに基づく概ね良好な母子関係の存続下では，輪郭がぼんやりとしていた母親像は徐々に明瞭となっていき，並行して母親の心に映し出されている乳児自身の自己像も以前より明瞭に感じ取れるようになっていく。そのような自己形成の機構を的確に描き出したのがアレンら（Allen et al., 2008）の「我ありと母思う，ゆえに我あり」という警句であると筆者は感じている。このようにメンタライジング機能の発達はスターン（Stern, 1985）が提唱する自己感のそれと質的にも速度的にも相補性を持って進行していく過程なのであろう。

　母子間の交流の反復とその経験の蓄積過程で乳児のメンタライジング機能は徐々に主観性の圧倒的に優位な原初性から抜け出し，幼児期の後半段階である4，5歳頃には自分に働きかける他者（例えば母親）の心を直観的・黙示的ながらほぼ的確にとらえることが可能な水準にまで発達していく。これを客観的に証明したのは別府らの「心の理論」研究から得られた知見の一つである（別府ら，2005）。それによれば4，5歳頃に幼児の多くが一次の誤信念課題（例えばサリー・アン課題）を正答できるようになるが，「なぜそう思うか」という問いには答えられない。このような結果となるのは黙示的メンタライジングだけで他者の誤解をとらえるからであり，「なぜそう思うか」という問いに大半の子どもが正答できるようになるのは8，9歳であるという。その年代に達する頃には子どもは他者の心を黙示的メンタライジングで直感的にとらえ，同時になぜそうなのだろうと考える明示的メンタライジングによる命題的理解が加わることで他者の心を総合的かつ客観的に理解すること

が可能になるのである。

　より幼い年代，すなわち4，5歳以前にみられる他者の心をとらえる機能についてアレンらはプレ・メンタライジング・モードと呼んでいる（Allen et al., 2008）。これはメンタライジング・モードではないという意味で非メンタライジング的な心の理解の様式であり，これには目的論的モード，心的等価モード，そしてプリテンド・モードの3様式が含まれるとされている（Fonagy, 2006）。

　目的論的モードは言語獲得以前の原始的な心の理解の様式であり，他者は行為者として（乳児が思うのと同じ）合理的な目的志向的行動をとると予測しており，独自の仮説を持ち，それにしたがって動くという概念を理解できない水準である。そのため自分が持っている仮説以外の動きを他者がとると困惑するのである。感情や情動を内的なものとして認知することなく行為として表現し認知するしかないのもこのモードの特徴である。その意味で目的論的モードは乳児の主観性が圧倒的に優位で，自他の境界も曖昧な次元における他者の心の理解の様式ということになる。

　心的等価モードは未だ他者の自律性に対する認識が曖昧で，主観性が相当に優勢な心の理解の水準である。すなわち，自分が感じたり想像したりしたものは現実であり，他者も同じように経験しているはずととらえるという未だメンタライジングモードには遠い水準にある。1，2歳の幼児がままごと遊びでケーキとされたブロックを実際に口に入れて噛もうとするように，まさに心的等価モードはフォナギーが「外観こそが現実なのである」と述べた水準である（Fonagy, 2006）。

　プリテンド・モードはいわばプレ・メンタライジング・モードからメンタライジング・モードへの移行段階における他者の心の理解の水準といってよいだろう。プリテンド・モードでは自己と他者の境界は以前よりずっと明瞭に意識されており，自分の内面で生じている想像やそこから派生する情動はどこまでも自己に属するもので，他者には関係ないものとみなす傾向があるメンタライジングの不完全な様式である。すなわち自分がいま・ここで感じている感情や空想は他者に影響されたり，他者の行動によってそう感じさせられたりした結果という相互性をとらえることができず，すべて自分に帰する精神状態ととらえてしまう水準である。

　以上のようなプレ・メンタライジング・モードの3型はここで述べたような順番で出現し，次に移行していき，通り過ぎたモードは過去のものになってしまうというものではない。幼児期後半から学童期の前半の年代においても，プレ・メンタライジング・モードの各型は他者の心の理解に際しメンタライジング・モードと混じりあい交代しあいながら機能しており，徐々に背景に退いていくのである。したがって遊びにおける活動や，追い詰められた状況での情動表出および言語表現などにプレ・メンタライジング・モードの片鱗が混じりこんでくることは子どもではよくあることといえよう。さらにいえば，プレ・メンタライジング・モードの3様式は成人においても心の深層に存在しており，PTSDやパーソナリティ障害などの精神疾患では心的等価モードやプリテンド・モードが顕在化することも珍しくない。

　このように乳幼児の心の発達を他者と自己の心の理解の発達という側面からとらえることができるのもメンタライジング理論がもたらした成果であり，これによって乳幼児の養育環境の質が自己形成過程に及ぼす影響の具体的な内容を考察する論理を現在の臨床家は持つことができたといってよいだろう。

IV．児童精神科臨床とメンタライジング理論

　メンタライジング理論を自家薬籠中の概念とすることの児童精神科臨床における利点を挙げるなら，1）児童虐待をはじめ逆境的養育環境で育った子どもが何を剥奪され，何を押し付けられ，顕在化した症候が何を意味し，どのような支援が必要なのかを具体的にイメージできる，2）ASD児はなぜ他者の心を理解することが難しいのか，どのように語り合うとASD児との対話がかみ合うのかなどにヒントを与えてくれる，3）様々な課題を抱えた青年期前半段階の子どもとの精神療法的対話において子どもと治療者双方の感情や考えを調律しあうことの大切さとその方法を教えてくれるなどではないだろうか。ここではプレ・メンタライジング・モード優勢な乳児期および早期幼児期に，良好な母子関係と，そこで安全に育まれる経験を剥奪された子どもの心性に焦点を当てメンタライジング理論の臨床的意義の一端を示したい。

　人生の最早期から養育者による激しい暴力にさらされたり，養育を放棄されたりすると，乳幼児は自己形成の出発から自己否定的で恒常性に乏しい自己感を強いられ，無力感・罪悪感と怒り・憤りの2領域の感情をともに強化されてしまう。さらに，虐待的な養育者が乳幼児に向けて表出する情動や行動はそれ自体が不安定で一貫性に乏しいことから，プレ・メンタライジング・モード優勢なメンタライジング機能の繊細な発達は妨げられてしまう。その結果，子どもは3，4歳以降に優勢になっていく黙示的メンタライジングや明示的なそれを十分に発展できないまま，プレ・メンタライジング・モード優勢な機能水準を維持することになる。

　このような子どもでは，少しでもストレスのかかる対人関係に遭遇すると，容易にプレ・メンタライジング・モード優勢な心性が顕在化し，ときにICD-11でいう複雑性心的外傷後ストレス障害（以下「複雑性PTSD」と略記）の症状とされる自己組織化の障害が前景に立つこともある。自己組織化の障害はクロワトルらによれば，1）コントロール不能の癇癪，傷つきやすさなどであらわれる感情制御困難，2）無価値感，罪悪感などであらわれる否定的自己概念，3）他者に親密感を持てない，他者と距離がある，あるいは隔絶されていると感じるといった対人関係障害の3領域からなる症状とされる（Cloitre et al., 2013）。この自己組織化の障害は，プレ・メンタライジング・モードに属する3種類のモードが多かれ少なかれ関与するメンタライジング不全の表現に他ならない。

　こうした子どもの心性についてアレンはアタッチメント・トラウマ概念を提唱し，その主な特徴として根深い不信感の存在に注目した（Allen, 2013）。このような強い不信感は最早期のアタッチメント不全に由来するものであるがゆえに，子どものいま・ここでの対人交流を不安定なものにし，肯定性の優勢な自己感および同一性の形成を妨げる。その結果，基本的には自己否定的でありながら，同時に強い怒りを内蔵するという心性を形成しやすい。こうした心性を持つ子どもは，自尊心が著しく低く，いつも漠然とした罪悪感に苛まれながら，一旦自分が不当に扱われたとか攻撃されたと感じると不合理に激しい憤りを爆発させ，他者を攻撃したり自傷行為に走ったりしがちである。

　多くの場合，このような行動が頻発したり激しさを増したりするのは小学

生年代の終盤から高校生年代はじめにかけての青年期前半段階である。こう
した子どもの精神医学的治療にあたってはメンタライジング理論の活用とい
う発想が大いに役立つことはもっと知られてもよいのではないだろうか。

編者注：本章の「プレ・メンタライジングモード」は，他章の「非メンタラ
　イジングモード」と同義と考えてよい。

文　献

Allen, J. G.（2006）Mentalizing in practice. In: Allen, J.G. & Fonagy, P. (Eds.). *Handbook of mentalization-based treatment.* John Wiley & Sons Ltd., Chichester, pp3-30. 狩野力八郎（監修）（2011）メンタライゼーション・ハンドブック——MBTの基礎と臨床．岩崎学術出版社，pp3-41.

Allen, J. G., Fonagy, P., & Bateman, A. W.（2008）*Mentalizing in clinical practice.* American Psychiatric Publishing, Washington, DC. 狩野力八郎（監修）（2014）メンタライジングの理論と臨床——精神分析・愛着理論・発達精神病理学の統合．北大路書房．

Allen, J. G.（2013）*Mentalizing in the development and treatment of attachment trauma.* Karnac Books, London.

別府哲，野村香代（2005）高機能自閉症児は健常児と異なる「心の理論」を持つのか：「誤った信念」課題とその言語的理由付けにおける健常児との比較．発達心理学研究．*16*(3), 257-264.

Bowlby, J.（2013）(edited by Bacciagaluppi, M.): *The Milan Seminor: Clinical applications of attachment theory,* (1st Ed.). Routledge, London. 筒井亮太（訳）（2021）アタッチメントと親子関係 ボウルビィの臨床セミナー．金剛出版．

Cloitre, M., Gavert, D. W., Brewin, R, et al.（2013）Evidence for proposed ICD-11 PTSD and complex PTSD: A latent profile analysis. *European Journal of Psychotraumatology 4*: 20706. DOI: 10.3402/ejpt.v4i0.20706

Fonagy, P.（2006）Mentalizing-focused approach to social development. In: Allen, J. G. & Fonagy, P. (Eds.). *Handbook of mentalization-based treatment.* John Wiley & Sons Ltd., Chichester, pp. 53-99. 狩野力八郎（監修）（2011）メンタライゼーション・ハンドブック MBTの基礎と臨床．岩崎学術出版社，pp.71-133.

Stern, D. N.（1985）*The interpersonal world of infant: A view from psychoanalysis and developmental psychology*. Basic Books Inc., New York. 小此木啓吾，丸田俊彦（監訳）（1989）乳児の対人世界 理論編．岩崎学術出版社．

第15章

児童養護施設でのMBTの実践に向けての課題

生地　新

Ⅰ．私の児童養護施設にかかわってきた経験

　私が児童養護施設の心理ケアに関わるようになったのは，2000 年の 4 月からである。山形市内にある児童養護施設「山形学園」の嘱託医として，月 1 回のケース・カンファレンスの助言者と心理療法のスーパービジョンの仕事を依頼されたことが始まりである。この仕事を始めた時は，児童福祉の領域について十分な知識があった訳ではなかった。摂食障害や不登校，注意欠如多動症や自閉スペクトラム症の診療の経験と精神分析の理論，土居（1971）の甘えについての考え方と精神分析的心理療法の経験，応用行動分析の実践経験だけが，私の支えであった。嘱託医になる前に担当した児童養護施設の子どもたちの治療は，ほとんどがうまくいかなかった。医療機関にいる私が，それまで診療していた子ども達の多くは，家庭で養育されていた。児童養護施設で暮らしているのは，保護者との死別，保護者の病気や家族からの虐待，家庭の貧困などのために，措置された子ども達である。想像もつかないような辛い目にあったり，ひどく寂しい思いをしたり，恐怖感を味わったりしながら，育ってきて，そして，児童養護施設にたどりついたのである。どこの家族も問題は抱えているものだが，何とか家族が壊れずにいて，家族に守られている子ども達と，児童養護施設の子ども達とでは，負っている心の傷の深さや心の病理の重さが違っていた。この子達のために，私は何ができるだろうかと思った時に，児童養護施設で仕事することを考え始めていた。そこに依頼が来たのが 2000 年ということである。

　それから，22 年の歳月が過ぎて，「山形学園」の他に，児童養護施設「東京家庭学校」や山梨県の児童養護施設「くずはの森」の嘱託医の仕事もするようになった。また，山梨県中央児童相談所の家族再統合支援事業の中で山梨県内の児童福祉施設のコンサルテーションも続けている。児童福祉施設に勤めている心理職の方々のコンサルテーションあるいはスーパービジョンも経験してきた。施設に通い，あるいは，心理療法の経過を聞きながら，私は，多くのことを学ばせてもらった。学んだことは，一冊の本にまとめている（生地，2017）。児童養護施設での仕事は，私自身の児童精神科医および精神療法家としての知識と経験の多くが生かせる仕事であると同時に，この仕事によって，子どもの心の発達の道筋や子どもを育てる際に配慮すべきことについて，改めて学ぶことができたと思う。結果として，思い上がりかもしれないが，私は児童養護施設の子どもたちとその保護者たち，そして職員の方々に嘱託医として，少しは役立つ仕事ができるようになったと思っている。

　本章では，最初に，私の経験に基づいて，児童養護施設での心理ケアのあり方について，私の考えを述べたいと思う。その後，児童養護施設の心理ケアにおいて，メンタライゼーションの考え方を導入したり，メンタライゼーションに基づく治療（MBT）を導入したりすることの意義と，導入にあたって注意すべきだと思うことを述べることにする。

Ⅱ．私が児童養護施設へのコンサルテーションで大事にしていること

私が重視しているポイントを以下に 5 つあげてみる。

1．生育歴に基づく理解

　その子どもが施設に入る前にどのような体験をしてきたのか，養育環境の中でどんな思いを抱いてきたのかを思い描くことである。施設内で行うケース・カンファレンスにおいて，ある児童について話し合う前に，児童相談所から送られてくる社会診断・行動診断・心理診断・医学診断などに記載され

ていることを振り返り，家族と子どもの歴史を概観するようにしている。もちろん，この際に，施設側で新たに把握した情報も共有する。そうすることで，その子どもの養育環境やそこで経験しただろうことについて，改めて認識することができるし，現在の生活ケアや心のケアについて考える基盤になるのである。現在の行動だけで判断すると，その子の行動の背景にあるその子の心の動きや問題について，ずれた理解になることがある。例えば，施設に入った頃から，子どもが几帳面に服を折りたたむ場合に，几帳面できちんとしたい保護者に厳しくしつけられていたのかもしれないし，十分なケアを受けられない家庭環境の中で，自分できちんとすることで自分を支えて来たのかもしれない。お菓子を独り占めして自分の部屋に持ち帰ろうとする子どもは，一人っ子で，物質的には甘やかされて育ってきて，食べ物を分かち合うことを学んで来なかったのかもしれないが，家庭が貧しくて，お菓子もあまり与えられずに育っていて，たまにもらったお菓子は貴重なものとして取っておかないといけなかったのかもしれない。悪いことをしたので叱ったのに悪びれることがない子どもは，生まれつき反省する力がないのではなく，愛着を向けている信頼できる大人からきちんと叱ってもらった体験がないのかもしれない。そんなふうにいろいろな可能性を考えることは，その子の行動や心の動きの理解につながり，その子どもにいらいらしたり，その子どもをうとましく思う大人側の気持ちを和らげてくれることがある。

2．行動と気持ちの連鎖を知る

　ある子どもの行動について考える際に，その行動の裏で，その子がどんな気持ちを持っているのか，行動することによって，周りがどのように反応するのか，そして，その結果，その子の気持ちがどのように動いていくのかを把握することである。行動の動きはわかりやすいが，その背景にある心の動きは，すぐにはわからない。長く関わっていく中で，子どもは自分の気持ちの動きを振り返ることができて，大人に伝えられるようになる。そのためには，大人の側が子どもの心の動きを理解できたときには，子どもにそのことを伝えてみることが役立つことがある。例えば，新しく自分よりも年下の子どもが同じ生活ユニットに入ってくることを知らされている子ども（A）が，

新しい子どもが入ってくる前の日に生活ケア担当の職員に珍しく添い寝を要求することがあったとする。職員がＡに話を聞いたら，「なんかね，もやもやするんだよ」とだけ言うかもれない。そこで，職員が「もしかしたら，明日，新しい年下の子が入ってくるので，Ａ君は心配なのかもしれないね。私たちがその子ばっかり世話をして，自分は構ってもらえないのではないかとかね」と言うと，その子は黙ってうなずく。その職員は「その子が来ても，私はＡ君の担当だし，その子だけを世話することはないよ。今まで通り甘えてもいいよ」と伝えるかもしれない。このような子どもの心の動きを理解した生活ケアが児童養護施設では求められる。

3. 体験の重なり合いの理解（転移・逆転移の理解）

　子どもの心を理解するために，大人が自分の感情や心の動きを振り返ってみるということである。自分を見てほしい気持ちが強く，他の子によくちょっかいを出す子（Ｂ）がいたとする。Ｂへの対応に苦慮している時に，いつも我慢をしているＣを，Ｂが馬鹿にしたり，小突いたりするのを見て，生活ケアの職員は，かっとなって大きい声で怒鳴ってしまうかもしれない。実は，その子は，家庭でも父親に怒られることが多く，暴力も振るわれていたことをその職員は知っていたのだが，思わず，怒鳴ってしまい，Ｂはその場に凍り付いてしまう。自分が怒鳴ってしまったことに落ち込んだ職員は，後で，その時の自分の気持ちを振り返り，自閉症の兄がよく家でパニックになり，大騒ぎをしてしまって，嫌な気分になっていたことを思い出すかもしれない。そして，その職員は，Ｂも大人が自分の方を見てくれない体験をしていることも思い出すかもしれない。大人が，自分の子ども時代の体験と子どものケアにおける現在の苦しい状況の重なりを自覚することで，子どもに腹を立てることが減ることがある。

4. 複雑な気持ちの理解（両価性の理解）

　児童養護施設の子どもに限らないが，人間の心は複雑で矛盾した気持ちを抱えているものである。親への思いも，親が好きで自分を理解してもらいた

い気持ちと，親が自分をちゃんと育てられなかったことへの恨みの気持ちは併存するものである。心理療法でも生活ケアの中でも，子どもの気持ちはいつも複雑である。ところが，言葉や態度で表出する時は，「○○さんなんて大嫌いだ」とかあからさまにその人を無視するとか，うれしそうに甘えてくるというように，一見，一つの気持ちだけを持っているかのように振る舞うのである。最近，はやりの表現で，自分の気持ちについて「感謝しかない」「怒りしかない」などと表現することがあるが，そんなはずはないのである。その子どもの中に，ある人に対して，陽性の感情と陰性の感情があることを理解し，時には言葉で返す必要がある。「お母さんに対しては，さっぱり面会に来ないし，腹が立つ気持ちもある，大好きっていう気持ちもあるんだよね」とか「ここで私と過ごすのは楽しいけれども，時間になると延長しないで終わってしまうのはむかつくね」という具合である。

5. 応用行動分析の方法の導入

　私は，攻撃的な行動など，行動上の問題を示す子どもを中心に，応用行動分析の発想や方法を取り入れることを提案することがある。応用行動分析においては，ある人が問題となる行動を減らすことができないのは，その行動の結果，その人が得をしたり，楽になったりすることが多いからだと考える。癇癪を起こして，暴れると，職員が集まってきて，落ち着くまでその子に関わるのが普通である。騒いだり暴れたりすると大人に世話してもらえるということがあると，子どもがそういう行動を起こす頻度がむしろ上がってしまうということである。そのような行動を減らすためには，ふだんの大人の関わりを増やし，問題となる行動をした時には，職員の関わりは，必要最低限にして，落ち着くまで1人で静かな場所で過ごすことを促すようにする必要があるかもしれない。また，その子が自分で癇癪をうまく押さえ込めたり，落ち着ける場所に移動したりできた時には，褒めたり，一緒に喜んであげることも役立つかもしれない。

Ⅲ．児童養護施設にメンタライゼーションの考え方をどう取り入れるか

　メンタライゼーションの考え方を児童養護施設に導入したいと思う人や児童養護施設でMBTを行おうとする人が，まず思い出していただきたいことは，児童養護施設は，生活の場であるということである。東京都を始め，児童養護施設に，治療的な機能を持たせようとする動きはあるが，それでも，ここが生活の場であるという理解はしっかり持つ必要がある。生活の場を提供すること，親に代わって子育てすることが，児童養護施設の主要な役割なのである。そして，児童養護施設には，すでに様々な心理療法や心理教育の方法が導入されていることも忘れてはいけない。たとえば，私の関わっている児童養護施設では，力動的理解に基づいて個人心理療法（遊戯療法），トークン・エコノミー，セカンドステップ，ライフストーリーワークなどの方法がすでに導入されている。そのように努力している施設の中で，新しい概念を持ち出すことは，むしろ慎重に考えた方が良いかもしれない。私は，精神分析的理解を中心に臨床活動を行っている精神科医であるが，児童養護施設に行って話をする時に，エディプスコンプレクス，投影性同一化や付着同一化，抑圧，分裂，移行対象，転移・逆転移などの精神分析用語を使わないように心がけている。メンタライゼーションの考え方を取り入れる時も同じことが言えると私は思う。最近，精神科医や臨床心理士・公認心理師などの専門家の中に，外国から輸入された理論や技法について，カタカナ言葉を多用して説明する人が増えているように感じていて，気になっている。児童養護施設は，生活ケアを担当している職員とそこに住む子どもたちが主役となっている場所であり，ほとんどの施設は何十年という歴史を持っている。職員達には，それなりの自負心やプライドもある。私たちは，そこで行われてきたことを尊重することから始める必要がある。そして，徐々にメンタライゼーションという考え方やMBTに代表される心のケアの方法を，施設の文化になじませていくことが大切である。メンタライゼーションは，新しい文化として密かに施設の古い文化と融合していくだろう。

　さて，この本を読んできた読者は，この章の「私が児童養護施設へのコンサルテーションで大事にしていること」としてあげている内容は，応用行動

分析を除くと，ほとんどがメンタライゼーションと関連していることに気が
つくだろう。私は，児童養護施設を中心に，児童福祉施設へのコンサルテー
ションを続けて来た中で，自分なりに大切にしてきたことが，実は，メンタ
ライゼーションという概念でほとんど説明できることに，最近，気がついた
のである。ただし，児童養護施設にメンタライゼーションの考え方を導入す
る際には，それぞれの施設で行われてきた生活ケアのあり方，心理療法の実
践，心理教育，家族への支援などについて，よく知ることから始めた方がよ
い。そして，メンタライゼーションという言葉を使わなくても，子どもの心
の動きをどう理解するかについて意見を述べ，子どもや職員が自分と他者の
心の動きを上手に理解できている時と，うまく理解できない時について，何
が起きているのかを一緒に考える姿勢で，コンサルテーションや職種間連携
の話し合いを持つことが大切である。難しいことを言わないで，子どもや大
人の心の動きを追っていく姿勢を示していけば，やがて，その施設の中では，
子どもや職員の気持ちをていねいに理解しようとする人として信頼され，受
け入れてもらえるようになるだろう。そもそもメンタライゼーションは，大
人と子どもの間の愛着や信頼関係を基盤にして発達するものである。施設の
人たちとの信頼関係（一種の愛着）が，メンタライゼーションを理解しても
らう大きな基盤になるのである。

　私が現場で学んできたやり方は，洗練されたメンタライゼーションの立場
からは，批判もあるかもしれない。また，精神分析の立場の人たちから見る
と中途半端に見えるかもしれないが，私は，現場で学んだこと，子ども達や
職員に教えてもらったことは，貴重な財産だと思っている。私は，子どもの
MBTについては，少し研修を受けてみようと思っているが，MBTの専門家
になることは目指してはいない。若い臨床家たちは，MBTの道に進んで行
かれるのも一つの道だし，ほかの治療方法を極めつつ，メンタライゼーショ
ンも取り入れる道を選ぶかもしれない。私は，それはどちらでもよいと思う。
しかし，メンタライゼーションについて学ぶことは，確実に私たちの児童福
祉領域での臨床の幅を広げるだろうと思う。私にとっては，メンタライゼー
ションは，精神分析と応用行動分析の間にあって，二つの領域をつないでく
れるものでもある。

文　献

土居健郎（1971）「甘え」の構造．弘文堂．
生地新（2017）児童福祉施設の心理ケア——力動精神医学からみた子どもの心．岩崎学術
　　出版社．

付録

日本におけるメンタライジングの
測定ツール開発の現状と課題

北原祐理

Ⅰ．メンタライジングを測る

　「心を心で思うこと（holding mind in mind）」と言われるように，私たち人間は，自分や他者の心の状態を想像し，理解する能力を備えている。メンタライジングの能力を測定することは，この心の機能を要素に分け，その高低や特徴を記述することであり，その人が対人関係の中で体験する困難を理解し，介入の領域を検討することに役立つ。さらに，治療に活きる強みや治療による変化を示すうえでも重要である。ここでは，メンタライジング能力測定ツールを展望し，最新の開発動向について紹介する。

Ⅱ．メンタライジングの測定の始まりと展開

　実証研究の文脈では，メンタライジング能力は省察機能（reflective function）と呼ばれることが多い。これは，メンタライジング能力を測定できる概念として操作的に定義したものを指す。Fonagyら（1998）は，語りに基づいて省察機能を査定する「省察機能尺度（Reflective Functioning Scale：RFS）」を初めて開発した。RFSでは，青年期以降の愛着の個人差を評価する「成人愛着面接（Adult Attachment Interview：AAI）」で得られる逐語データを11段階で評定し，6つの質的段階に分類する。評定項目は，他者の心理状態を把握することの難しさの認識や，ある行動に異なる解釈

があることの認識など、非常に詳細にわたる。RFSは様々なツールの先駆けとなり、後に「児童愛着面接（Child Attachment Interview：CAI）」に基づく「児童省察機能尺度（Child Reflective Functioning Scale：CRFS）」や、「親発達面接（Parent Development Interview：PDI）」に基づく「養育者省察機能尺度（Parental Reflective Functioning Scale：PRFS）」も開発されている。しかし、日本では元データを得るための面接法の標準化や専門訓練の整備が進んでおらず、これらの尺度を直ちに導入することは難しいのが実情である。

面接法はメンタライジング能力の多元的な評価に適しているが、実施には時間や熟達を要する。そのため、昨今では面接法に代わる測定ツールにも関心が寄せられている。Luytenら（2019）の概観によれば、メンタライジング能力やその次元の一部を測定するツールは2019年現在で67に上り、面接法（ナラティブ・コーディング法）のほか、自己評定式尺度、パフォーマンスに基づく尺度、実験・観察課題といった多岐にわたっている。

なかでも自己評定式尺度は、容易に活用できることからニーズが高い。例えば、Fonagyら（2016）は、上述のRFSが難解で現場で適用されにくい現状を踏まえ、より簡便に、患者の自己報告に基づいてメンタライジングの機能不全を査定する「省察機能質問紙（Reflective Functioning Questionnaire：RFQ）」を開発した。同質問紙はすでに15カ国で翻訳されている。今日では、具体的なプロフィールを描くための尺度の開発も盛んであり、治療者が患者のメンタライジングの次元の偏りを評価する「メンタライゼーション・アンバランス尺度（Mentalization Imbalances Scale）」（Gagliardini et al, 2018）や、治療者が患者の前メンタライジングモードの傾向を評価する「メンタライゼーション・モード尺度（Modes of Mentalization Scale）」（Gagliardini & Colli, 2019）などが新しい。

III. 国内の測定ツールの開発動向

国内では、基本的なメンタライジングを測定する尺度の開発や翻訳が進められている。ここでは、2022年2月時点で公刊されているツール（表iを参

表i　日本で作成されているメンタライジング関連測定ツール

ツールの名称	反映されるメンタライジングの次元(注1)								妥当性検討の概略(注3)
	自己	他者	認知	感情	内的	外的	自動的	制御的	
メンタライゼーション査定面接 (MAI) (菊池ら, 2012)	✓	✓	✓	✓	✓	(✓)	(✓)	✓	境界性パーソナリティ傾向 (−)
メンタライゼーション査定面接 改訂版 (MAI-R) (藩・上地, 2018)	✓		✓	✓	✓	(✓)	(✓)	✓	メタ認知 (心配への注目, 思考の制御) (+)
メンタライゼーション質問票 (MQ) (山口, 2016)	✓	✓	✓	✓	✓	(✓)		✓	過食を含む自傷行為傾向 (−), 境界性パーソナリティ傾向で得点が低い
日本語版メンタライゼーション尺度 (J-MentS) (Dimitrijević et al. 2018 ; 松葉ら, 2019)	✓	(✓) (注2)	✓	✓	✓			✓	境界性パーソナリティ傾向 (−), 自閉症スペクトラム傾向 (−), 性格特性, 感情知能, 共感性, 愛着スタイル (+: ただし詳細未発表)
メンタライズされた感情認識尺度 (MAS) 日本語版 (Greenberg et al. 2017 ; 馬場・上地, 2020)	✓	✓	✓	✓	✓			✓	自尊感情 (+), 再評価方略 (+), 抑制方略 (−), アレキシサイミア傾向 (−)
養育内省機能質問票 (PRFI) (今里・東條・上地, 2017)	✓	✓	✓	✓	✓	(✓)		✓	私的自己意識 (+), 内的他者意識の一部 (+), 「内省の失敗」と見捨てられ不安 (+), 安定型愛着の者で「内省的姿勢」と「確信的理解」が高い

(注1) Luyten et al. (2019) の Table 3-4 Measures assessing dimensions of mentalizing (pp. 51-55) を参考に作成した。原版があるものについてはチェックマークを転記している。

(注2) Luyten et al. (2019) では、「他者」次元に該当しないと考えられているが、J-MentS の「他者へのメンタライジング」「他者のメンタライジング」因子の一部は、他者の信念や感情を推測する傾向を測定していると考えられるため、括弧書きでチェックマークを記載した。

(注3) (+) は正の関連、(−) は負の関連を示す

照）を紹介する。

1. メンタライゼーション査定面接（Mentalization Assessment Interview：MAI）

菊池ら（2012）がBatemanらの査定法に基づき開発した面接法である。MAIでは，被面接者に対し，「情緒的に距離の近い近親者」と「情緒的に距離の近い友人」の二段階を追って重要な他者との間で生じた情緒的負荷の高い出来事を想起させ，自分や相手の行動や心理状態をメンタライズするように促す。逐語データは16項目（4件法）によって評価される。本面接法は，RFSの原理に依拠した国内では類を見ないツールである。

2. メンタライゼーション査定面接改訂版（Mentalization Assessment Interview-the Revised Version：MAI-R）

潘・上地（2018）は，上述のMAIが，関係性の異なる2名の人物を取り上げる点や，評定基準にメンタライジングを直接定義していない項目が含まれている点に問題意識をもち，改訂版（MAI-R）を作成した。MAI-Rでは，対人的葛藤の再定義，評定基準の再整理，7段階評定への変更を経て，高い内的整合性や評定者間信頼性を得た。ただし，愛着や共感性との相関は十分示されておらず，妥当性の検討が課題となっている。

3. メンタライゼーション質問紙（Mentalization Questionnaire：MQ）

山口（2016）が作成した尺度で，国内では教師のメンタライジングに関する研究などで幅広く活用されている。「対自的メンタライゼーション」と「対他的メンタライゼーション」の2因子23項目（4件法）からなり，内的整合性，時間的安定性が示されている。一方，概念の操作化には改善の余地があり，例えば，項目内の「すぐに理解できる」「うまく説明できる」などの表現は，回答者の疑似メンタライジング（実感の伴っていない，脚色された，もしくは操作的なメンタライジング）を反映する恐れがある。

4. 日本語版メンタライゼーション尺度 (The Japanese-Mentalization Scale：J-MentS)

松葉ら (2019) が Mentalization Scale (Dimitrijević et al., 2018) の邦訳を試みたものである。「自己に対するメンタライジング」,「他者へのメンタライジング」,「メンタライゼーションへの関心」の 3 因子 22 項目 (5 件法) から成る。本尺度の特徴は, 自己や他者の心理状態に好奇心をもつ姿勢に着目した点である。国内での妥当性の検証状況は表iに示す通りだが, 原版では, 安定型愛着パターンの者で得点が最も高く, 境界性パーソナリティ障害群と一般群との間で得点の臨床的有意差が報告されている。

5. メンタライズされた感情認識尺度 (Mentalized Affectivity Scale：MAS) 日本語版

馬場・上地 (2020) が Mentalized Affectivity Scale (Greenberg et al., 2017) の邦訳を試みた, 感情調整の土台となる自己感情のメンタライジングに焦点を当てた尺度である。自分の体験を過去から続く文脈から理解し, 感情としての名前を付け, 表出または抑制して, 繰り返し評価する循環を構成する要素として,「感情の理解」,「感情の調節」,「感情の表出」の 32 項目 (7 件法) が抽出され, いずれも高い内的整合性を認めている。

6. 養育内省機能質問票 (Parental Reflective Functioning Inventory：PRFI)

今里・東條・上地 (2017) は, Luyten らの, まだ公刊前だった「親の省察機能質問紙 (Parental Reflective Functioning Questionnaire：PRFQ)」を参考に, 0 〜 3 歳児の養育者の親子関係における省察機能を評価する質問紙を作成した。作成過程では, 文化的背景を考慮し, 子育て場面における陰性感情を示す語彙を柔らかな表現に修正するなどの工夫を施している。今里らのPRFI は 4 因子構造 (27 項目, 7 件法) が認められ,「内省的な姿勢」や「確信的理解」などの良質なメンタライジングに加えて, 子どもの感情に対する親の寄与を認めない非省察的な傾向 (「内省の失敗」) も測定できる。後にLuyten ら (2017) が PRFQ を公刊しているため, 日本語版の内容や因子構造について再検討する意義があると考えられる。

IV. 開発研究の発展に向けて

　以上のように，国内では独自のツールが開発されながら，海外の主要ツールの日本語版の作成も進んでいる。しかし，その全てが青年期以降を対象とした尺度であり，妥当性については検証中のものが多い。したがって，今後は調査対象を臨床群にまで広げるなどして，より頑健な実証結果を得ていくことが望まれる。例として，RFQの開発者たちは，メンタライジング能力の分散が大きい集団を対象として，臨床的な検出力を確認することを展望に掲げている。国際的に使用されているツールの標準化が進めば，諸外国との比較から日本人特有の傾向を理解できるかもしれない。また，本邦独自の面接法においては，評価者の臨床経験など，評定技能や結果を左右する要因の検討も必要である。

　さらに，子ども用ツールの開発も課題となっているが，低年齢の子どもに対しては，既存の青年・成人用のツールを改変するだけでなく，言語以外のチャネルを用いる発想が大切である。国内では，石谷（2012）がMacArthur Story Stem Battery（MSSB）と呼ばれる人形遊び技法を応用したアセスメントを着想している。MSSBは，話の出だし（story stem）を提示し，人形を使ってその葛藤場面を演じて見せたうえで，子どもに言葉や人形を用いて話の続きを作らせるものである。創造されるストーリーには子どもの表象世界が見出され，自己と他者や世界の関係性についての意味づけ，すなわちナラティブが表れる。石谷（2012）は，ナラティブの内容や様式，ナラティブを共同構築する過程での検査者との交流の在り方に注目し，それらの反応を総合してメンタライジング能力を評価するための基準を考案している。このように，玩具などの媒体の活用は，言葉が未発達な子どもが内的な体験を表現することを助け，豊かなアセスメントを可能にする。さらに，表現活動を通して情緒的な均衡を取り戻したり，他者とともに表象世界を探求したりするという治療的な意味も持ちうるため，今後も積極的に検討していく意義があるだろう。

　最後に，表iに示されるように，ツールによって反映される次元は異なるため，それぞれの特徴に留意し，より精緻な測定手法を創案することも期待される。例えば，自己評定式尺度では，自動的メンタライジングは反映されにくい。また，正確な評価自体に一定のメンタライジング能力が求められる。

「過剰メンタライジング」によって過度に心理状態を読み取るあまり表象が
歪んでいる場合でも，回答者に自覚がなければ，自己評定得点は高くなるだ
ろう。適切なメンタライジングは，自己や他者の心理状態を観察に基づいて，
ある程度的確に想像すると同時に，心理状態の不透明性や多義性を認識しな
がら，別の見方の探索を続けることである。さらには，情緒的負荷のかかる
場面でも，その姿勢を維持しようと努めることだろう。このようなメンタラ
イジングの動的な側面を含め，多元的に評価する手法を追究することが，開
発研究全体の大きな目標である。

文　献

馬場天信・上地雄一郎（2020）メンタライズされた感情認識尺度日本語版の作成——成人
　を対象とした信頼性と妥当性の検討．日本パーソナリティ心理大会発表論文集，*29*, 25.

Dimitrijević, A., Hanak, N., Altaras Dimitrijević, A., & Jolić Marjanović, Z.（2018）The
　Mentalization Scale (MentS): A self-report measure for the assessment of mentalizing
　capacity. *Journal of Personality Assessment, 100*, 268-280.

Fonagy, P., Luyten, P., Moulton-Perkins, A., Lee, Y. W., Warren, F., Howard, S., Ghinai, R.,
　Fearon, P., & Lowyck, B.（2016）Development and validation of a self-report measure of
　mentalizing: The reflective functioning questionnaire. *PLoS One, 11*, e0158678.

Fonagy, P., Target, M., Steele, H., & Steele, M.（1998）Reflective-functioning manual, version
　5.0, for application to adult attachment interviews. *London: University College London, 10.*

Greenberg, D. M., Kolasi, J., Hegsted, C. P., Berkowitz, Y., & Jurist, E. L.（2017）Mentalized
　affectivity: A new model and assessment of emotion regulation. *PloS one, 12*, e0185264.

Gagliardini, G., & Colli, A.（2019）Assessing mentalization: Development and preliminary
　validation of the Modes of Mentalization Scale. *Psychoanalytic Psychology, 36*, 249-258.

Gagliardini, G., Gullo, S., Caverzasi, E., Boldrini, A., Blasi, S., & Colli, A.（2018）Assessing
　mentalization in psychotherapy: First validation of the Mentalization Imbalances Scale.
　Research in Psychotherapy: Psychopathology, Process, and Outcome, 21, 164-177.

潘艶麗・上地雄一郎（2018）メンタライゼーション査定面接改訂版（MAI-R）の作成．岡
　山大学臨床心理学論集，*16*, 27-36.

今里有紀子・東條光彦（2017）養育内省機能質問票（PRFI）の作成ならびに
　信頼性・妥当性の検討．教育実践学論集，18, 37-48.

石谷真一（2012）人形遊び技法による子どものメンタライゼーションの評価．神戸女学院
　大学論集，*59*, 21-38.

菊池裕義・山田仁子・舘岡達矢・関百合・東啓悟・福田知子・奥野大地（2012）メンタラ
　イゼーションの測定——その信頼性と日本人大学生における境界例傾向との関連性．心
　理臨床学研究，*30*, 355-365.

Luyten, P., Malcorps, S., Fonagy, P., & Ensink, K.（2019）Assessment of mentalizing.
　Handbook of Mentalizing in Mental Health Practice. Washington, DC: American Psychiatric
　Association Publishing, 37-62.

Luyten, P., Mayes, L. C., Nijssens, L., & Fonagy, P.（2017）The parental reflective functioning
　questionnaire: Development and preliminary validation. *PloS one, 12*, e0176218.

松葉百合香・原口幸・板野蛍・岩﨑美奈子・井原成男・桂川泰典（2019）日本語版メンタ
　ライゼーション尺度（The Japanese-Mentalization Scale: J-MentS）作成の試み．日本健
　康心理学会大会発表論文集，*32*, 109.

山口正寛（2016）メンタライゼーションと境界性パーソナリティ傾向との関連——メンタ
　ライゼーション質問紙作成の試みから．福山市立大学教育学部研究紀要，*4*, 129-136.

編者あとがき

西村　馨

　この本の原稿がほぼ出そろったある日，高校教師を 10 年ほど勤めた方と話をする機会があった。話が不登校におよんだとき，彼は，「いろんな理由があるでしょうが，不登校生徒の親御さんは感情で関わっていないように感じます。学校が嫌だと言うと，子どもの機嫌を取ろうとして高価な品物でもつぎつぎ買ってしまうのをしばしば見ました」と言った。第 1 章で述べた「心がすれ違った」状態である。「まさに！」とひざを打ち，それこそメンタライジングの欠如である，モノを買うのは目的論的モードだ，と一気に説明したくなった（しなかったが）。

　繰り返しになるが，このような出来事は子どもの臨床を取り巻く現場にあふれている。念のため言っておくが，「不登校＝メンタライジング不全」と言いたいのではないし，養育者が悪いと言っているのでもない。親も子どもも，困りごとを何とかしようとしてあがいているにもかかわらず，うまくいかない状態を繰り返す。支援者は，「何か」がおかしいと思いつつ，その「何か」をひとことで言い表す言葉をもたなかった。メンタライジングの概念は，まさにその「何か」を表すものである。ひとたびメンタライジングを理解すれば，心の問題の表れ方がさまざまであっても，その背後にあるメンタライジング不全の関係性に気づきやすくなる。メンタライジングの理論を学ぶことは，「心で関わる」ことを作り出す手がかりを与えるものである。

　先ほど，「一気に説明したくなった（しなかったが）」と述べた。それはメンタライジング臨床の注意点と関連している。

　本書を読まれたり，MBTをすでに学ばれていたりする方にはお分かりいただけるだろうが，MBTやメンタライジング・アプローチは，非メンタライジングが生じているところ（関係性，環境）を同定し，そこに，メンタライズする過程を意図的に作り出そうとするものである（その際に，すでにメンタライジングがうまくいっている部分を同定して，それを指摘し，強化することも重要だと付け加えておこう）。MBTは，それらの理解の仕方と具体的な技法を「意識して用いる」介入の体系だと言ってよい。

　だが，と言うべきか，そうだからこそと言うべきか，クライエント／患者の主体性（agency）が強調される。問題となっている部分を指摘して治させるものではない。その反対で，セラピストが作成した仮の焦点定式化をクライエントと確認し合い，クライエントの意見を受けて修正しながら，練り上げ，合意を形成する。この作業は力動的心理療法でも行われるが，MBTでは特に強調される。心理療法の成功が作業同盟の度合いに拠っていることを考えれば，この合意形成の過程自体を重要な治療的作業として強調することはもっともである。付け加えれば，セラピストが用意した定式化をクライエントに考えてもらうことは，クライエントが自分をメンタライズする機会になるし，その，自分が主体的に理解したことをセラピストに認めてもらう機会になる。このように，クライエントのメンタライジングを促進するのをねらって構造的に工夫していると見てよいだろう。

　先の例に戻ると，「それはメンタライジングの欠如です！」と得意になって滔々と説明してしまうと，彼が伝えたかったことを見落としてしまうかもしれない。悪くすれば彼を圧倒してしまうかもしれない。あるいは，その説明が相手を「わかったような気持ち」にさせ，プリテンド・モードを助長させるかもしれない。メンタライジングを語ることで今ここでの関係がニセモノになることは避けたい。

　MBTでは，セラピストは能動的姿勢が推奨される。だがそれが，クライエント（たち）の主体性を促進するためであって，奪うためではない。どうやったら彼らの主体感覚を高めることができるのか，この点を見失ってはいけない。相手の主体性を奪わないで，ほどほどの熱さでやり取りが続くことが望ましいだろう。

　またMBTでは，黙示的なものを明示的にしていくことが強調される。子

どものMBTであっても同様である。ある，子どものMBTの研修会で，「MBTでは，子どもに言語化を求める要求が強いように思いますが，何でも言語化させなければいけないのでしょうか？」という質問を受けたことがある。むろん，そうではない。黙示的なままに放置しておかない，ということがひとつの趣旨。もうひとつは，言語的かどうかという問題ではなく，先の，主体性を問いかけることに関わっている。主体的でいるかどうかに絶えず注目していると言ってもよい。

　MBTは，メンタライジングを促進するための具体的な技法を「意識して用いる」介入の体系だと述べた。すると「いつも意識的，意図的に行われなければならないのですか」と問われたことがある。技法論的には，そうですと答えるべきであろう。だが，よく考えてみれば，クライエントとの間で，さり気なく，意識しないで，情動を理解できるようなやりとりができる場面や環境があるならばその方が理想的なのではなかろうか。本書では，子どものためのグループセラピーや施設や学校での臨床実践の他，親に向けたアプローチも紹介した。子どもが生活する環境がメンタライジングなものであることは非常に望ましいが，しかしそのためには意図してメンタライジングを心がけなければならないだろう。その心がけが成功していれば，やがてそれは定着して，意図的でない自然な風土へと変わるのではなかろうか。

　このことについては先日興味深い体験をした。

　2022年3月に開催された日本集団精神療法学会第39回大会において，私はグループでのメンタライジングについてのワークショップを開くよう大会長に依頼された。そこで私は数人の仲間に声をかけ，いくつかの現場での実践を紹介してもらい，相田信男さんに指定討論をお願いした。相田さんは，精神科病棟で入院患者のコミュニティミーティングを長きにわたって続けられ，患者同士のやり取りが豊かになったことを，「病棟は『心理学的になった』」と表現した方である（相田，2006）。この「心理学的になる」という言葉は，学会員にしばしば引用される，知られた概念になった。私は，グループで患者同士がお互いの思いを推察しあっている様子から，それはメンタライジングの過程に他ならないと感じていた。

　当日のワークショップは大変すばらしいものだった。その前後の登壇者

のやり取りも学び多いものだった。面白いことに，相田さんは，「最初から『心理学的に』しようとしたわけではない……コミュニティミーティングをやっていたらそうなってしまった」と述べられ，ワークショップの最後まで「あれはメンタライジングだった」と明言されることはなかった。それが私にはしばらくは腑に落ちなかった。だが，今はそれでよいのだと思う。それをメンタライジングだと呼ぶのは，「こちら」の都合であり，メンタライジングという語を用いなくともメンタライジングを実現することはできると気づいたからである（それはある意味当然と言えば当然のことであるが）。そして，それを「意図しないで」，ごく自然に日常の臨床活動の中で実践している環境もあるのである。新しい概念の導入は慎重な方がよい（第 15 章参照）というよい例だと言えるだろう。

　さて，この本の企画がまとまろうとしていた頃，岩崎学術出版社の鈴木大輔さんが，学術通信に掲載された神田橋條治先生の『メンタライズ嬉しいね』と題したエッセイを紹介してくれた。

　そこでは，メンタライゼーションの内容には治療現場における「救う役割・救われる役割」の相互強化の視点があると指摘され，さらに，メンタライゼーションは，この世に生きているものがすべて備えている仏性（他のいのちを育み愛する意向）を核にして，その後の人生で獲得した知恵を纏わしたありようを覚醒させる方略であるとされている。そのような指摘も含蓄に富んでいるが，極めつけに，「メンタライゼーションという名詞化は，輪郭がクッキリして，数字の雰囲気が漂う……名詞化せずに，『メンタライズ』という動詞の状態を保つのが有用です」と述べている（神田橋，2021，11-12）。

　今，このあとがきを書きながら改めてこれを読み直してみると，ここまでにふれたいくつかの事がらの間につながりを感じる。言葉を動詞の状態に保つことは，言葉による硬直化を避け，行為すること，体験することそのものに本質があることを示すためであろう。そう考えると，病棟が「心理学的になった」という形容詞的な描写は，何をしていたのかの部分，つまり行為の部分を慎重に単純化，硬直化させないようにしているところがミソなのだ。私は，早く言葉にして落ち着きたかったのである。だが，そうしないことが

メンタライジングし続けるためのコツなのかもしれない。そして，私自身が「一気に説明したくなった」ときにそれをしなくてよかったのだと改めて思う。

　メンタライジングは日常の行為である。だが，それを説明する理論や概念は膨大にあり，言葉の世界に埋没，依存することも生じてしまいやすい。むろん，それらは学ばねばならない。だが，それによって本質を失ってはならない。行為に本質があり，理論はそれをしやすくするための道具である。白波瀬（2019）は，メンタライジング概念のそのような用い方を「補助線」と呼んだ。

　本書の著者たちは，「MBTを単にコピーして実践する」のを避け，一人一人の子ども，若者，家族を理解し，支援しようとする営みを，まさに，メンタライジング概念を補助線にして，心を砕いて展開してきた。実践手法については今後の洗練が期待されることだろう。だが，この硬直化させない姿勢は維持していきたい。

　この刺激的な船出をともにしてくれた勇敢な仲間に感謝したい。出会えたことを心から喜んでいる。また，上述の鈴木大輔さんには，温かい眼差しで私や著者たちの営みを見守りながら応援してくれるとともに，時宜にかなった援助を柔軟に提供してくれて，完成に導いてくれたことに感謝したい。

コロナ禍の間に足しげく通った代々木上原バーガーキングにて

2022 年 5 月

西村　馨

文　献

相田信男（2006）実践・精神分析的精神療法──個人療法そして集団療法．金剛出版．
神田橋條治（2021）「メンタライズ」嬉しいね．学術通信，*124*，10-12.
白波瀬丈一郎（2019）「私たち」が「心理学的になる」ための条件──「孤独」の体得．集団精神療法，*35*(2)，221-226.

索　引

人名索引

事項索引

編著者略歴

西村馨（にしむらかおる）

臨床心理士，公認心理師。国際基督教大学教養学部心理学・言語学デパートメント教授。

1989 年に東京大学教育学部教育心理学科を卒業し，1996 年に国際基督教大学大学院博士後期課程教育学研究科を単位取得退学。その後，東京大学学生相談所で勤務し，2000 年から現職。

執筆者略歴（掲載順）

上地雄一郎（かみじゆういちろう）

臨床心理士。岡山大学特命教授。

1981 年広島大学大学院教育学研究科博士課程前期修了。2010 年広島大学大学院教育学研究科博士課程後期修了〔博士（心理学）〕。2008 年岡山大学教育学研究科教授（2018 年社会文化科学研究科に転籍）。2021 年より現職。

石谷真一（いしたにしんいち）

臨床心理士，公認心理師。神戸女学院大学大学院人間科学研究科教授。博士（教育学）。

1987 年に京都大学教育学部を卒業し，1992 年京都大学大学院教育学研究科臨床教育学専攻博士後期課程を単位取得退学。その後，佛教大学教育学部臨床心理学科准教授を経て，2004 年より現職。

渡部京太（わたなべきょうた）

児童精神科医。特定医療法人群馬会群馬病院診療部長。

1993 年山形大学医学部を卒業し，1997 年山形大学医学部大学院を修了。その後，斗南会秋野病院，国立国際医療研究センター国府台病院児童精神科，広島市こども療育センターで勤務し，2022 年から現職。

菊池裕義（きくちひろよし）

臨床心理士，公認心理師。博士（心理学）。医療法人社団青渓会駒木野病院心理科係長。

2005 年東京国際大学大学院臨床心理学研究科博士課程前期修了，横浜相原病院心理療法科を経て，2011 年千葉県児童相談所に入職。2012 年東京国際大学大学院臨床心理学研究科博士課程後期修了。2020 年より現職。

那須里絵（なすりえ）

臨床心理士，公認心理師。博士（学術）。国際基督教大学教育研究所研究員。

2011 年法政大学経営学部卒業。2014 年国際基督教大学大学院アーツサイエンス研究科心理・教育学専攻臨床心理学専修博士前期課程修了，2021 年 6 月国際基督教大学大学院アーツサイエンス研究科博士後期課程修了。現在，東京都公立学校スクールカウンセラー，フェリス女学院大学，田園調布学園大学，神奈川大学で兼任講師として勤務。

木村能成（きむらよしなり）
臨床心理士・公認心理師。博士（学術）。国際基督教大学教育研究所研究員。
2012 年に国際基督教大学教養学部を卒業し，2014 年に国際基督教大学大学院博士前期課程心理・教育学専攻を修了。2022 年に国際基督教大学博士後期課程アーツサイエンス専攻を修了。現在，埼玉県スクールカウンセラー，大田区スクールカウンセラー，中部学院大学兼任講師，田園調布学園大学兼任講師として勤務。

若松亜希子（わかまつあきこ）
臨床心理士，公認心理師。児童養護施設至誠学園，社会福祉法人子どもの虐待防止センター。
2003 年に淑徳大学大学院社会学研究科社会福祉学専攻博士前期課程臨床心理学コースを修了，2015 年より法政大学大学院人間社会研究科博士後期課程に在学中。2003 年より千葉県・東京都の児童養護施設や世田谷区保健センター等に心理職として勤務し，2005 年から現職。

若井裕子（わかいゆうこ）
博士（学校教育学），臨床心理士，公認心理師。滋賀県教育委員会嘱託非常勤スクールカウンセラー，非常勤講師（京都女子大学[*1]，立命館大学[*2]）。
2014 年に兵庫教育大学大学院（連合学校教育学研究科学校教育実践学専攻学校教育臨床連合講座）を修了し，学位（博士号）を取得。博士課程在籍時には，保健体育科教員（中学や高校），ホームスタディ・アドバイザー（教育委員会における不登校対策支援），心理判定員（発達支援センター等）をし，2015 年からスクールカウンセラー，2016 年[*1] および 2018 年[*2] から非常勤講師。

田口春佳（たぐちはるか）
小学校教諭。中野区立塔山小学校特別支援教室。
2016 年に東京学芸大学初等教育教員養成課程国語選修を卒業。その後，町田市立成瀬台小学校情緒障害等通級指導学級，及び特別支援教室で勤務し，2022 年から現職。

白波瀬丈一郎（しらはせじょういちろう）
精神科医。東京都済生会中央病院健康デザインセンターセンター長。
1986 年慶應義塾大学医学部卒業，慶應義塾大学医学部精神神経科教室入室。慶應義塾大学医学部特任准教授，同大学ストレス研究センター副センター長を経て，2020 年より現職。

揖斐衣海（いびえみ）
臨床心理士，公認心理師。KIPP渋谷心理オフィスおよび国際基督教大学カウンセリングセンターカウンセラー。有限会社ケーアイピービー取締役。
2007 年に国際基督教大学大学院教育学研究科臨床心理学専修博士前期課程修了。公／私立中学および高校スクールカウンセラー，精神科クリニックにて勤務後，育児に専念。2015 ～ 2017 年国際基督教大学高等臨床心理学研究所助手，2017 年以降現職。

大橋良枝（おおはしよしえ）
臨床心理士，公認心理師。博士（教育学）。聖学院大学心理福祉学部教授。埼玉県教育委員会非常勤講師等。
2009 年に国際基督教大学大学教育学研究科博士後期を修了。その後，教育相談所，開業臨床施設での勤務を経て，現職。

牛田美幸（うしだみゆき）
小児科医。国立病院機構四国こどもとおとなの医療センター児童心療内科医長。
1991 年高知医科大学医学部（現高知大学医学部）卒。その後，高知医科大学医学部付属病院，国立療養所香川小児病院，国立善通寺病院に勤務。2007 年国立病院機構香川小児病院。2010 年より同院児童心療内科医長。2013 年病院統合に伴い現職。

齊藤万比古（さいとうかずひこ）
児童精神科医。恩賜財団母子愛育会愛育相談所所長。
1975 年千葉大学医学部卒業。1979 年より国立国府台病院精神科児童部門（現・国立国際医療研究センター国府台病院児童精神科）に入職し，2013 年に退職。2002 年から 2006 年まで国立精神・神経センター精神保健研究所児童思春期精神保健部部長を併任。2013 年恩賜財団母子愛育会愛育病院に入職し，2015 年より現職。

生地新（おいじあらた）
精神科専門医，臨床心理士，公認心理師。まめの木クリニック院長。
1981 年に山形大学医学部を卒業し，1986 年に山形大学大学院医学研究科博士課程修了。その後，山形大学附属病院精神科神経科助手，同講師，日本女子大学人間社会学部心理学科助教授を経て，2007 年に北里大学大学院医療系研究科教授となり，同職を 2022 年退職後，2022 年から現職。

北原祐理（きたはらゆうり）
臨床心理士，公認心理師。博士（教育学）。東京大学大学院教育学研究科教育学研究員。
2015 年に国際基督教大学教養学部を卒業し，2020 年に東京大学大学院教育学研究科臨床心理学コース博士課程修了。同コース特任助教を経て，現在，成蹊大学，慶應義塾大学の非常勤講師（臨床心理学），横浜雙葉小学校・中学高等学校スクールカウンセラーを兼任。

実践・子どもと親へのメンタライジング臨床
——取り組みの第一歩——

ISBN 978-4-7533-1206-1

編著者　西村　馨

2022 年 9 月 16 日　初版第 1 刷発行

印刷・製本 ㈱太平印刷社
────────
発行 ㈱岩崎学術出版社　〒 101-0062 東京都千代田区神田駿河台 3-6-1
発行者　杉田 啓三
電話 03（5577）6817　FAX 03（5577）6837
©2022　岩崎学術出版社
乱丁・落丁本はお取替えいたします　検印省略

青年期のデプレッションへの短期精神分析療法
──CBTとの比較実証研究と実践マニュアル
ニック・ミッジリー他著　木部則雄監訳
28回という短期の介入マニュアル

メンタライゼーション実践ガイド──境界性パーソナリティ障害へのアプローチ
A. ベイトマン／P. フォナギー著　池田暁史監訳
精神療法の最新潮流「メンタライゼーション」の待望の実践書

メンタライゼーション・ハンドブック──MBTの基礎と臨床
J.G. アレン／P. フォナギー著　狩野力八郎監訳　池田暁史訳
多面的かつエビデンスに基づく治療理論

発達精神病理学からみた精神分析理論
P. フォナギー／M. タルジェ著　馬場禮子／青木紀久代監訳
多くの理論を並列し実証性の観点から見直す

ナルシシズムとその不満──ナルシシズム診断のジレンマと治療方略
G.O. ギャバード／H. クリスプ著　池田暁史訳
SNS隆盛で注目されるナルシシズムをギャバードが論ずる

精神力動的精神医学 第5版──その臨床実践
G.O. ギャバード著　奥寺崇／権成鉉／白波瀬丈一郎／池田暁史監訳
力動精神医学の記念碑的著作の最新版

精神力動的精神療法【DVD付き】──基本テキスト
G.O. ギャバード著　狩野力八郎監訳　池田暁史訳
米国精神分析の第一人者による実践的テキスト（DVD付き）

道のりから学ぶ──精神分析と精神療法についてのさらなる思索
P. ケースメント著　上田勝久／大森智恵訳　松木邦裕翻訳協力
『患者から学ぶ』に始まる「学ぶ」シリーズ第5弾

◎価格は小社ホームページ（http://www.iwasaki-ap.co.jp/）でご確認ください。